가업승계

명문장수기업의 성공전략

가업승계

명문장수기업의 성공전략

김선화 지음

쌤앤
파커스

중소기업의 성패,
가업승계가 좌우한다

우리나라 산업에서 중추적인 역할을 하고 있는 기업들은 대부분 1970~80년대에 창업한 기업이다. 창업 초기에는 기업뿐만 아니라 나라 전체가 급속한 경제성장을 하던 중이었으므로 1세대 경영자들은 회사를 키우는 일에만 집중하면 되었다. 국가도 기업의 성장을 적극 지원했다. 그러나 지금은 어떤가. 기업의 몸집은 커질 대로 커졌고, 지속되는 경기 침체로 이전만큼 폭발적인 성장세를 유지하기 어려워졌다. 국내외 환경 역시 급속도로 변했다. 그런 와중에 창업자의 은퇴 시기까지 맞물려 1세대에서 2세대로 첫 세대교체도 준비해야 한다.

그렇다면 1세대 창업자들은 세대교체를 얼마나 잘 준비해왔을까? 연구에 따르면 전 세계적으로 가업승계의 성공 확률은 30%가 채 되지 않는다. 다시 말해 지금 세대교체를 준비하는 기업 대부분이 승계 이후 기업을 유지하기보다 문을 닫아야 하거나 매각될 가능성이 더 높다는 의미다. 수십 년 동안 잘 키워온 회사를 망하게 하고 싶은 경영자는 없다. 하지만 이제 와서 눈앞에 닥친 가업승계를 무엇부터 어떻게 해야 할지 막막하다.

얼마 전 컨설팅 때문에 만났던 김 회장은 창업한 지 25년 만에 회사를 연매출 4000억대 중견기업으로 성장시켰다. 꾸준한 기술 투자 덕분에 최근 10년간 급성장하면서 회사는 안정기에 접어들었고 당분간 이 추세가 이어질 전망이다. 유능한 두 아들도 회사에서 일하고 있어 후계 걱정도 한시름 놓았다. 하지만 정작 그는 가업승계에 확신이 없었다. 가장 큰 이유는 창업자 스스로 '계속 투자해서 이 회사를 키우는 것이 맞는 걸까?'라고 생각했을 때 회의적이라는 것이다.

사실 그는 회사를 글로벌 히든 챔피언으로 키우려는 목표가 있었다. 하지만 농우바이오 회장의 사망 사건을 보며 생각이 바뀌었다. 농우바이오의 창업자가 사망하면서 1000억이 넘는 상속세가 부과되자 자녀들이 상속세를 마련하려고 기업을 매각했기 때문이다. 부친이 평생을 바쳐 일군 기업을 부친 사망 후 6개월 만에 잃게 된 것이다. 가까이에서 안타까운 상황을 지켜보았던 그는 자신이 죽으면 자녀들에게도 똑같은 일이 일어날 텐데 괜히 회사를 더 키워 자녀들을 어려움에 빠뜨리는 건 아닌지 걱정된다고 했다. 상속세 문제 때문에 가업승계를 해야 할지 말아야 할지 고민하고 있는 것이다.

이 말을 듣고 너무나 안타까웠다. 가업승계를 준비할 때 기업과 경영자가 갖춰야 할 중요한 요건들이 이보다 훨씬 많은데, 상속세에 발목 잡혀 승계를 주저하는 상황이라니. 물론 김 회장의 말처럼 가업승계를 할 때 상속세를 해결하는 문제는 중요하다. 하지만 그것이 승계의 전부는 아니다.

승계의 핵심은 무엇일까? 단순히 기업을 물려주는 것만을 의미할까? 아니다. 창업자가 기업을 물려주고 난 다음에도 후계자가 지속적으로 기업을 생존, 성장시키는 것이 성공적인 승계다. 이런 관점에서 보자면 세금 문제를 해결했다고 해서 기업이 지속적으로 생존한다는 보장은 어디에도 없다. 상속세 문제 해결은 필요조건이긴 하나 충분조건은 아니란 의미다.

김 회장 한 사람만 이런 생각을 하는 것이 아니란 점도 문제다. 조사에 따르면 우리나라 경영자들이 승계 계획을 세우는 데 가장 부담스러워하는 문제가 바로 조세다. 그러다 보니 가업승계를 돕는 전문가들의 초점도 모두 상속세 절세 방안에만 맞춰져 있다. 대다수 경영자들뿐만 아니라 가업승계 전문가, 정부부처 등 많은 이해관계자들 역시 이 문제에 치중한다. 더욱 안타까운 일이다.

왜 우리나라에서는 가업승계라는 이슈가 세금 문제를 넘어서지 못할까? 가장 큰 이유는 이것이 눈앞에 닥친 현실이기 때문이다. 이 말은 가업승계에 실패하는 근본 원인이 너무 늦게 준비를 시작하기 때문이라는 것을 의미한다. 가업승계는 한 세대가 바뀌는 일이다. 당연히 오랫동안 차근차근 준비하는 것이 맞다. 하지만 이 말을 들은 경영자들은 "말이 쉽지, 당장 기업이 사느냐 죽느냐의 문제에 놓여 있는데, 경영 외 문제까지 어떻게 체계적으로 준비하라는 말인가?" 하고 반발할지도 모른다. 물론 그 입장도 이해는 간다. 기업을 운영하는 데 산재한 문제들이 많으니, 먼 이야기인 승계 문제를 뒤로 미루는 건 경영자 입장에서는 당연할 수도 있다.

그뿐인가. 경영자가 관심을 가지고 가업승계를 미리 준비하고 싶다고 해도 이 역시 쉽지 않다. 가업승계 연구가 활발하게 이뤄지는 미국이나 유럽에 비해 우리나라는 가업승계에 대한 연구가 거의 없고 대입해볼 만한 실제 사례도 적다. 이렇다 보니 경영자의 의욕과 별개로 참고할 만한 자료가 없는 것 자체도 문제다. 또 기업의 승계 문제는 지역과 국가 경제와도 연관되어 있기 때문에 정부의 제도적 뒷받침뿐 아니라 사회·문화적으로 이 문제를 중요하게 인식하려는 분위기가 조성되어야 하는데, 한국은 그렇지 않다. 오히려 부를 대물림하는 일이라며 부정적으로 볼 뿐이다.

상속공제제도 등 현행법도 원활한 가업승계에 초점이 맞춰져 있기보다 까다로운 절차와 기준으로 실제 효력이 없다는 모순이 있다. 경영자라면 이런 분위기 속에서 기업 안팎으로 가업승계 문제를 드러내놓고 논의하기란 결코 쉬운 일이 아니다. 결국 시기마다 뭘 준비해야 하는지도 제대로 모른 채 안일하게 대처하다가 은퇴 시점이 되어서야 주먹구구식으로 준비하게 될 것이다. 또한 그때 경영자가 할 수 있는 일이라곤 세금 문제 해결 정도일 때가 많다.

유럽연합에서는 가업승계를 창업과 동일한 수준으로 지원하는 등 원활한 가업승계 생태계를 조성하기 위해 노력하고 있고, 차등의결권 제도(우리나라에서는 현행 상법상 1주당 1의결권을 원칙으로 하고 있다. 반면에 북미, 일본, 유럽 등지의 국가에서는 의결권을 1주당 2~1000의결권에 이르기까지 차등 부여할 수 있는 차등의결권제도를 채택하고 있다. 이 제도는 사회적으로 기업의 경영권을 인정해주므로 안정적인 경영 활동과 적대적 M&A에 대비한 경영권 안정에 기여한다.)나 재단Foundation, 신탁Trust 등을 통해 상속세 부담을 줄이며 경영권을 유지할 수 있는 다양한 제도가 마련되어 있다.

덕분에 그들은 세금 문제를 넘어 어떻게 가족기업이 세대교체 이후에도 지속 가능한 기업으로 생존할 수 있을지에 초점을 맞춰 매우 현실적으로 가업승계를 준비한다. 따라서 우리나라에서도 가업승계를 '부의 대물림'이라는 관점보다는 기업의 영속성 측면에서 바라보아야 하며, 정부의 정책도 '기업의 영속성' 관점에서 마련되어야 한다.

앞서 말했듯 상속세와 같은 세금 문제는 가업승계를 준비하는 데 필요한 하나의 과정일 뿐, 가업승계의 전부는 아니다. 그런 점에서 이 책은 기업의 장기적 생존이란 측면에서 상속세 문제를 일부 다루고 있긴 하지만, 그것을 중점적으로 다루진 않았다. 특히 세금 문제는 정부의 정책에 따라 바뀌기도 하고 개인이 특별한 해법을 제시하는 데 한계가 있다. 기업 규모에 따라 적절한 시기에 컨설팅을 받거나 더 전문적인 자료들을 참고할 것을 권한다.

　이 책에서는 좀 더 거시적인 관점에서 어떻게 해야 세대교체를 잘할 수 있는지, 지속 가능한 기업이 되려면 어떤 도전과제들을 해결해야 하는지에 초점을 맞춰 해법을 제시했다. 지난 40년간 미국이나 유럽 등지에서 연구된 가족기업 이론, 내가 10년 가까이 미국가족기업학회Family Firm Institution 등지에 참석해 해외 전문가들과 교류하며 얻은 다양한 지식과 경험을 바탕으로 이 책을 썼다. 무엇보다도 가업승계를 준비하는 우리나라의 수많은 중소·중견기업의 창업자, 후계자, 가족기업 임직원들의 실질적인 고민 해결에 어떻게 접목시킬지에 초점을 맞췄다. 세대교체를 앞둔 기업과 경영자들이 헤매지 않고 승계 준비를 하려면 어떤 실무 프로세스를 갖춰야 하는지 구조적으로 한눈에 파악할 수 있도록 체계를 잡는 데 심혈을 기울였다.

　이 책은 총 4장으로 구성된다. 1장에서는 기업들이 가업승계에 실패하는 가장 현실적이고 보편적인 이유들을 짚어보면서 자신의 기업이 처한 상황이 무엇인지 문제를 진단할 수 있게 했다. 2~4장의 핵심 내용은 성공적인 가업승계를 이끄는 '가족기업 3차원 시스템'을 바탕으로 한다. 전작《100년 기업을 위한 승계 전략》에서 유수의 해외 장수 기업들을 설명한 이론이기도 하지만, 전 세계적으로 가족기업의 특징과 분쟁을 해결하는 데 가장 보편적으로 사용되는 이론이기도 하다. 이 시스템은 기업, 가족, 오너십이라는 3개의 독립된 시스템이 유기적으로 연결되어 하나의 시스템으로 맞물려 있는데, 이 3개 시스템을 각 장에서 다시 세부적으로 다루었다. 2장에서는 '기업 시스템'에 초점을 맞춰 기업의 성장 라이프 사이클에 따라 경영자가 어떤 도전과제들을 해결하고 어떻게 기업의 시스템을 조직해야 하는지 설명했다. 3장에서는 '가족 시스템'에 초점을 맞춰 후계자를 어떻게 양성해야 하는지, 가족 기업에 참여한 이해관계자들의 입장과 분쟁의 원인을 살펴보며 어떻게 갈등을 해결해야 하는지 설명했다. 4장은 '오너십 시스템'으로, 기업의 지분을 어떻게 형평성 있게 분배할 것인지를 비중 있게 다루었다. 지분을 나누고 관리하는 것은 단순히 경영자의 재산을 자녀들에게 나눠준다는 차원이 아닌, 기업의 장기적 생존을 위해 가족과 기업 차원에서 어떻게 관리하는가의 문제다. 각 장의 시스템을 따로 떼어서 살펴보겠지만, 가업승계를 준비할 때 이 3가지 시스템이 요구하는 바를 동시에 수행해야 한다는 것을 명심해야 한다.

이 책은 기본적으로는 승계를 앞두고 있거나 준비 중인 경영자와 후계자들을 위해 썼다. 창업자가 승계를 위한 큰 그림을 그리고 장기적인 안목으로 차근차근 하나씩 해결해나간다면 승계에 성공할 확률을 높일 수 있을 것이다.

다른 한편으로 이 책은 이제 막 기업을 시작한 스타트업 단계에 있는 창업자부터 한창 성장기에 있는 경영자, 승계와 관련된 기업의 실무진들에게도 도움이 될 것이다. 가업승계란 기업이 유지되는 동안 지속적으로 준비되어야 하는 과정이기 때문이다. 그 밖에도 세무나 법률 등 가업승계 컨설팅을 하거나 자문하는 전문가와 중소기업의 승계를 지원하거나 관련 제도를 만드는 정부부처 등 사회 전반에서 가업승계와 관련 있는 모든 이해관계자들도 가업승계의 큰 그림을 이해하는 데 도움이 될 것이다. 부디 이 책이 성공적인 가업승계에 여러 측면에서 도움이 되길 바란다.

김선화

왜
창업보다
수성이
어려운가?

가업승계는
하루아침에
이루어지지 않는다

　　한 중견기업의 창업자인 최 사장은 나이가 70세임에도 불구하고 여전히 하루 10시간 이상 일한다. 40~50대 시절과 다를 바가 없다. 주변에서는 "그 연세에 대단하십니다"라며 추켜세우지만, 막상 그는 현재 상황이 답답할 따름이다. 자신이 원해서라기보다 후계자가 없어 은퇴를 못하고 있기 때문이다. 자녀가 없어서가 아니다. 딸 1명에 아들 2명을 두었는데, 딸은 전업주부이고, 큰아들은 의사다. 작은아들은 미국에서 유학을 마치고 현지 연구소에서 일하고 있는데, 전공 분야가 다르다. 문제는 세 자녀 모두 기업 경영에는 전혀 관심이 없다는 것이다. 최 사장 생각엔 작은아들이 그나마 비즈니스 감각도 있고 부모를 생각하는 마음도 깊으니 잘 설득하면 한국으로 돌아와 회사를 맡아줄 것도 같다. 그렇지만 자신이 원하는 일을 하면서 잘 살고 있는 아들에게 너무 무거운 짐을 지우는 것은 아닐까 싶어 쉽사리 이야기가 안 나온다.

회사에는 오랫동안 자신과 함께 일해온 임원들이 있는데 맡은 일은 성실하게 잘하지만 경영자로서 회사를 이끌어나갈 역량이나 리더십은 부족해 보인다. 그렇다고 이제 와 외부에서 전문경영인을 영입하는 것도 쉽지 않고, 막상 영입한다고 해도 그가 얼마나 자기 일처럼 회사를 운영할 수 있을까 싶어 안심이 안 된다. 그의 이야기를 듣고 나는 그가 이 상황을 얼마나 심각하게 인식하는지 궁금해서 몇 가지 질문을 던졌다.

"최 사장님, 만약 갑작스럽게 최 사장님에게 유고가 생긴다면 회사는 어떻게 될까요?"

그는 잠깐 당황스러운 표정을 짓더니 긴 한숨을 내쉬며 대답했다.

"아마 2년에서 3년쯤 지나면 망할 겁니다."

"왜 그렇게 생각하시나요?

"지금까지 수십 년간 쌓아온 신용과 자체적으로 보유하고 있는 기술, 회사의 재정 상황도 좋으니 누가 맡아도 2~3년 정도는 문제없을 겁니다. 하지만 그 이후는 장담할 수 없어요. 제대로 된 경영자가 없으니 직원들도 하나둘 나갈 거고 거래처마저 끊기면 결국에는 문을 닫겠지요."

그는 '앞으로 어떻게 되겠지' 하고 막연하게 생각해왔던 질문에 스스로 답하며 놀라는 눈치였다.

"그럼 앞으로 어떻게 할 생각이신가요?"

한동안 생각에 잠기던 그는 헛웃음을 지으며 말했다.

"그래서 내가 100살까지 살려고 해요. 그것밖에는 방법이 없네요."

과연 이 기업의 미래는 어떻게 될까?

승계 계획, 빠르면 빠를수록 좋다

'창업이수성난創業易守成難'이란 말이 있다. 중국 당 태종의 신하인 위징魏徵이 한 말로, 창업이란 나라를 처음 세우거나 사업을 처음 시작한다는 말이고, 수성은 이뤄놓은 것을 그대로 지켜나간다는 말이다. 즉, 창업보다 수성이 더 어렵다는 말이다.

나는 가족기업 연구가로서 가업승계를 연구하고 이와 관련된 기업 컨설팅을 하며 승계를 준비하는 많은 창업자를 만난다. 그들의 바람은 단순하다. 누군가 자신의 뒤를 이어 회사를 안정적으로 이어가는 것. 경영자 입장에서 평생을 바쳐 키워온 기업이 수대에 걸쳐 지속되고 더 크게 성장하길 바라는 것은 당연하다. 결국 창업자에게 승계란 후계자에게 기업의 경영권과 소유권을 넘겨주어 이런 바람을 실현하는 것을 의미한다.

하지만 바람만큼 승계를 철저하게 준비하는 경영자는 많지 않다. 대부분 은퇴할 시기가 닥쳐야 고민한다. 그때는 이미 늦는다. 앞서 본 최 사장의 사례처럼 물려주고 싶어도 물려줄 후계자가 없거나 다른 경영 문제에 직면할 수도 있다. 최 사장은 승계를 하지 못하는 가장 큰 문제로 후계자 부재를 꼽았지만, 사실 더 큰 문제가 있다. 경영자가 장기적인 관점에서 미리 승계 계획을 세워두지 않은 것.

승계를 준비할 때 후계자 양성은 일부분에 불과하다. 성공적인 승계를 염두에 둔 경영자라면 기업의 미래에 대한 구체적인 계획, 그것을 실현할 조직, 자신의 경영철학과 가치를 지키며 기꺼이 기업을 이어갈 의지를 가진 유능한 후계자 모두 준비되어 있어야 한다. 하지만 과연 대한민국에서 기업을 운영하는 경영자 중 몇 명이나 이런 조건을 갖추고 있을까? 1세대에서 2세대로 승계할 때 성공 확률이 불과 30%밖에 안 된다는 연구 결과[1]만 봐도 짐작이 되지 않는가? 승계를 준비하는 기업의 70%가 성공적으로 세대교체를 하지 못하는 상황에서 창업보다 수성이 더 어렵다는 말은 전혀 과장이 아닌 듯하다. 기업을 설립하여 살아남는 것도 매우 어렵고 중요한 일이지만, 대를 이어 계승하는 것은 그보다 훨씬 더 어렵고 중요하다. 그 과정은 하루아침에 이룰 수 있는 것이 아니다.

지금 당신의 회사는 어떤가? 경영자인 당신에게 승계를 대비한 구체적인 계획이 있는가? 최 사장처럼 70세가 되어서도 하루 10시간 넘게 일하지 않으려면 지금 당장 당신이 해야 할 일은 단 하나다. 경영자가 바뀌어도 기업이 유지되도록 세대교체 문제를 객관적이고 중대한 문제로 인식하고 철저하게 사전 계획을 세우는 것. 이 고민과 준비는 빠르면 빠를수록 좋다.

승계는 한 기업만의 문제가 아니다

2015년 중소기업청에서 '998866'이라는 용어를 소개했다. 이 암호 같은 숫자가 의미하는 것이 무엇일까? 대한민국 전체 기업 중 중소기업이 차지하는 비중이 99%이고, 전체 근로자의 88%가 중소기업에서 일하며, 대한민국 인구의 66%가 중소기업에서 일하는 직원들의 가족이란 뜻이다.

대기업 : 2916개, 약 193만 명 근무

중소기업 : 약 341만 개, 약 1342만 명 근무 (전체 인구의 66%가 중소기업의 가족)

중소기업은 대기업에 부품이나 서비스를 제공하고 모든 산업의 유통을 담당하고 있으며, 금융 기관이나 협력 업체 등 수많은 기업들과 연결되어 대한민국 경제 전반에 상당한 영향을 끼친다. GDP의 60%가량을 차지해 국가 경제에 큰 역할을 하고 있을 뿐만 아니라 대다수의 가계가 이 중소기업의 울타리 안에 놓여 있다. 또 이런 중소기업 중 상장되어 주식이 분산된 기업은 극소수이고 지배적인 소유권이 한 개인이나 가족에게 집중된 기업이 거의 대부분이다.

가족기업에 대한 정의는 다양하지만 가장 보편적인 정의는 이것이다. 한 가족이나 가문이 주식이나 의결권을 가장 많이 확보하고 있으며, 소유주 가족 중 한 사람 이상이 기업의 주요 경영진으로 활동하는 것.[2] 다시 말해 가족기업은 한 가족이 지배적인 소유권을 가지고 경영하는 기업을 말한다. 일반적으로 가족기업이라고 하면 가족들이 함께 운영하는 작은 가게나 음식점, 영세 기업 등을 떠올리기 쉽지만, 따지고 보면 중소기업에서 대기업까지 아주 폭넓게 분포한다. 상장기업과 코스닥 기업의 약 70%, 전체 제조업의 85%가 가족기업이라고 한다.[3] 결국 공기업이나 민영화 기업을 제외한 기업 대부분이 가족기업인 셈이다.

산업의 역사가 비교적 짧은 우리나라의 경우 대기업을 제외하면 1세대 경영이 대부분이다. 창업자들은 대부분 살아 있고 아직도 회사를 소유하고 있으며 여전히 기업 경영에 관여하고 있다. 하지만 앞으로 5~10년 안에 수많은 기업들이 세대교체를 하게 될 것이다. 경영자들의 고령화가 빠르게 진전되고 있어 세대교체를 앞둔 중소기업의 수는 점점 늘어날 것이며, 자녀 후계자에게 기업을 물려주는 가업승계가 초미의 관심사가 될 것이다.

하지만 안타깝게도 70%의 기업은 창업자의 사망과 함께 사라진다. 그만큼 승계 문제는 세계적인 난제로 꼽히고 있다. 이것이 단지 한 기업만의 문제일까? 기업이 세대교체에 실패해 문을 닫는다면 수많은 일자리가 동시에 사라진다는 것을 의미한다. 그리고 기업에 축적된 수십 년 노하우가 사라져 국가적으로도 부가가치 창출 능력이 약화된다. 따라서 가업승계의 성공과 실패는 단순히 한 기업의 문제로만 보아서는 안 된다. 이는 우리 가족, 우리 사회 그리고 국가적인 문제이기도 하다.

우리보다 뒤늦게 시장 경제를 도입한 중국도 향후 5~10년 안에 약 300만 개에 달하는 1세대 민영 기업들이 '경영권' 승계라는 쟁점에 부딪칠 것으로 예상하고 있다. 그래서 발 빠르게 가족기업이라는 개념을 받아들여 가족기업들이 순탄하게 경영권을 승계하는 방법을 고민하고 있다. 알리바바를 창업한 마윈 회장도 2014년부터 매년 중국의 가족기업을 대상으로 '중국 가족기업 승계 포럼'을 개최해 가족기업의 발전 방향을 모색하고 있다.

가족기업의
지속적 성과 창출 전략

경영자가 자신의 가족에게 기업을 물려주는 것을 기업 안팎에서는 어떻게 생각할까? 물론 부정적인 인식이 더 많을지도 모른다. 흔히 '가업승계' 하면 족벌 경영, 무능력한 가족의 경영 참여, 경영자에 집중된 의사결정 구조, 경영자의 자만심, 권력 남용 같은 것들을 떠올린다. 이는 가족기업의 경영자들이 승계를 준비할 때 대외적으로 겪는 어려움이기도 하다.

대한민국의 많은 중소·중견기업이 가족기업이기 때문에, 능력 여부를 떠나 후계자도 무조건 가족이 돼야 한다고 말하는 것이 아니다. 학계 연구 자료, 실제 현장에서의 컨설팅 경험, 세계적인 전문가들이 주장하는 내용 등을 종합해보면 가족기업은 일반 기업보다 더 높은 성과를 내는 등 나름대로 기업을 운영하는 데 훌륭한 장점을 갖추고 있다. 그렇다면 장점을 어떻게 극대화해 1세대 경영자가 2세대 후계자에게 효과적으로 승계할 수 있을까?

먼저 가족기업이 다른 형태의 기업보다 어떻게 우수한 성과를 내는지 알아야 한다. 학계에서는 가족기업의 가장 큰 장점으로 경영자의 확고한 주인 의식, 장기 경영, 지속 가능한 성장을 위한 과감한 투자, 신속한 의사결정 등을 꼽는다. 세계적인 경영학자 짐 콜린스 역시 "월급쟁이 사장은 자신의 임기 내에 성과를 이루려고 하지만 창업자는 오랫동안 지속적으로 수익을 낼 방법을 강구한다. 또한 성공적인 가족기업의 경영자는 인재 제일이나 인간 중심 경영 등을 내세우며 직원들을 키우는 데 노력하고 미래를 위한 연구 개발에도 투자를 아끼지 않는 등 장기적인 기업 성장을 위해 노력한다"라고 말했다.[4]

전문경영인의 경우, 임기가 정해져 있기 때문에 단기간에 자신의 성과를 보여줄 수 없는 분야에는 쉽게 투자하지 않는다. 임기가 끝나고 효과가 드러나는 일보다 당장 실적으로 전환될 수 있는 일에 집중한다. 그래서 유능한 전문경영인을 둔 기업의 경우 한때 큰 성과를 내더라도 그 경영자가 떠나면 오래가지 못하는 경우가 많다. 후임 경영자가 기업을 안정적으로 운영할 기반이 마련되지 않았기 때문이다.

그렇다면 가족기업의 경영자는 어떨까? 이들의 재임 기간은 평균 24년이다.[5] 이들이 전문경영인과 달리 장기적 관점에서 전략을 세우고 자원을 배분할 수 있는 것은 장기적이고 안정적으로 기업을 운영할 시간이 충분하기 때문이다. 이는 마치 농사를 지을 때 사용하는 화학 비료와 퇴비의 비유로 설명할 수 있다. 남의 땅을 일정 기간만 쓸 수 있는 소작인이라면 당연히 화학 비료를 써서 빠른 시간 안에 높은 수확량을 바랄 것이다. 하지만 화학 비료를 쓴 땅은 당장 생산량이 많을지는 몰라도 장기적으로 토양이 산성화되기 때문에 결과적으로 더 많은 작물을 재배할 수 없게 된다. 반면 땅이 자신의 것이고 자녀에게 물려줄 계획이 있는 사람이라면 어떨까. 당장 눈앞의 이득을 좇느라 화학 비료를 사용하기보다는 퇴비를 써서 기름진 땅을 유지하려 노력할 것이다. 퇴비를 사용하면 시간은 걸리지만 결과적으로는 지력을 좋게 하고 지속적으로 좋은 수확을 보장해준다는 것을 알기 때문이다.

이런 이유로 최근 해외에서는 가족기업의 문제점만을 비판하기보다는 어떻게 다양한 문제들을 극복하고 장점을 더욱 강화할 것인가에 초점을 맞추고 있다. 대를 이어 지속 가능한 기업으로 생존하는 방법에 집중한 결과다.

성공적인 세대교체,
어떻게 시작할 것인가

           우리나라 기업들은 가업승계를 준비해야 한다고 하면 열이면 아홉은 세금 문제부터 생각한다. 국가 정책도 세금 문제를 넘어서지 못한다. 세금을 줄여달라는 측과 '부자 감세'가 부당하다고 주장하는 측의 의견이 팽팽하다. 그럼 만약 상속세 문제가 해결된다면 기업이 성공적으로 세대교체를 할 수 있을까? 절대 그렇지 않다. 세금 문제를 해결하는 것은 성공적인 승계를 위한 필요조건임엔 분명하지만 충분조건은 아니다. 승계를 준비하는 데에는 다양한 조건들이 필요하며, 상속세 문제 역시 그중 하나일 뿐이다. 세금은 기업이 반드시 넘어야 할 높은 산 중 하나이긴 하지만 이것이 성공적인 승계를 보장해주지는 못한다. 연구에 따르면, 가업승계에 실패하는 가장 큰 이유는 다음 5가지로 요약할 수 있다.[6]

가업승계에 실패하는 5가지 이유

① 환경과 기술, 시장 변화를 인식하지 못하거나 변화에 대응하지 못함

② 과도한 상속세로 기업의 활력이 저하되거나 성장이 위축됨(심한 경우 매각 또는 폐업)

③ 후계자의 준비 미흡으로 리더십이 발휘되지 않음

④ 가족 구성원 간의 관심사, 목표 등 이해관계가 충돌하여 가족분쟁으로 이어짐

⑤ 세대 간 경영철학·방식의 차이로 갈등 발생, 경영층의 응집력이 약화됨

지금부터 소개할 이야기들은 위의 5가지 원인들이 현실에서 어떻게 일어나는지 실제 기업의 사례를 바탕으로 재구성한 것이다. 이를 바탕으로 당신의 기업이 당면한 문제가 무엇인지 더 쉽게 파악할 수 있을 것이다.

변화를 거부하는 경영자는
반드시 실패한다

제조업계에서 중소기업을 운영하는 강 회장은 아들 셋을 두었다. 그중 두 아들은 회사에 들어와서 성실하게 일했고 막내는 외국계 컨설팅 회사에 다니고 있었다. 강 회장은 자식들과 사이가 좋았고 형제들도 서로 협력을 잘하여 주위의 부러움을 샀다. 그는 은퇴하며 회사에서 일하던 두 아들에게 경영권을 물려줄 때, "욕심내

지 말고 지금까지 쌓아온 신용만 잘 지키면 앞으로도 큰 어려움이 없을 것"이라고 말했다. 두 아들도 부친의 뜻을 잘 따랐다. 강 회장이 사망하고 나서 회사의 지분은 세 형제에게 3분의 1씩 공평하게 나누어졌다. 막내는 다니던 회사를 그만두고 형들이 있는 기업에 들어왔다. 동생은 자신의 경험을 살려 객관적인 관점에서 회사의 운영 시스템 등 전반적인 것을 점검했다. 그리고 형들에게 생산이나 마케팅, 관리 방식 등 여러 부분에서 변화가 필요하다고 보고했다. 또한 함께 일하는 가족이나 모든 관리자와 기업 경영 정보를 투명하게 공유하려면 회계 관리 시스템도 변경해야 한다고 제안했다.

하지만 형들은 동생의 말을 듣지 않았다. 오히려 그때마다 "우리가 너보다 회사 일을 더 잘 알고 있다", "너는 우리 회사가 돌아가는 일을 아직 잘 몰라서 하는 얘기야"라며 일축해버렸다. 사실 그들이 변화를 거부한 까닭은 막내를 불신했다기보다는 그동안 일하면서 아버지에게 들었던 고정 관념에 강하게 사로잡혀 있었기 때문이었다. 이런 일이 여러 번 반복되자 막내는 형들과 더 사이가 나빠지는 것을 우려해 회사를 그만두고 이전에 자신이 다니던 컨설팅 회사로 돌아갔다.

막내가 떠나고 몇 년 후 원자재 가격 폭등으로 회사는 큰 어려움을 겪었고, 설상가상 경쟁 업체들의 적극적인 공세로 거래처도 빼앗겼다. 주요 거래처가 구매처를 해외로 옮기며 엄청난 위기를 맞았고, 급기야 회사 재정 상태가 적자로 돌아서며 지급 불능 상태가 되었다. 이 회사의 임원은 "우리도 막내 자제분의 조언대로 해야 된다고 생각했습니다.

하지만 저희라고 뾰족한 수가 있었겠습니까. 창업자였던 회장님은 절대 남의 얘기를 듣지 않는 분이었습니다. 초기에는 저희들도 회사를 위해 여러 제안을 했었죠. 하지만 그것이 별 소용없는 일이라는 걸 알게 되자 입을 닫고 회장님 뜻에 따라 일을 처리했습니다. 회사를 운영하던 두 자제분도 그런 부친을 꼭 빼닮았습니다"라고 말했다.

갈등 없이 다음 세대로 경영자를 교체하는 일은 성공했을지 몰라도 시대의 흐름에 맞게 기업을 변화시키지 못해 결과적으로 이 기업은 승계에 실패했다. 빠르게 변하는 환경을 인지하지 못하고 정체되어 있으면서 기업이 생존하거나 성장하길 바란다면 너무 큰 욕심 아닐까. 어느 분야든 지속적으로 생존하려면 변화와 혁신은 필수다.

가족분쟁의 불씨, 상속세

한 중소기업 창업자인 박 회장은 2남 1녀를 두었지만 70세가 다 되도록 회사를 맡겠다는 자녀가 없어 고민이었다. 그러던 중 박 회장의 건강이 나빠지면서 자녀들은 가족회의를 열어 아버지의 회사를 어떻게 할 것인지 논의했다. 사양 산업이기 때문에 미래 전망이 밝지는 않았지만, 재정 상태가 안정적이고 수십 년간 부친이 쌓아온 신용 덕분에 당분간 큰 어려움은 없을 것 같았다.

논의 끝에, 자녀들은 아버지가 일생을 바친 기업을 가족들이 이어가는 것이 좋겠다고 결론지었다. 동생들은 회사에 관여하지 않고, 지분도 요구하지 않을 테니 장남이 회사를 전적으로 맡아주기를 바랐다. 당시 대기업에서 중견 간부로 일하던 장남은 동생들의 의견을 받아들여 사표를 내고 사장으로 취임해 아버지의 40년 노하우와 기술을 전수받았다. 박 사장이 취임하고 몇 년 후 박 회장은 세상을 떠났다. 문제는 그다음에 일어났다. 상속세 문제가 발생하며 가족분쟁이 일어난 것이다. 박 사장은 회사에 다니면서 장만한 아파트 한 채가 재산의 전부였기 때문에 상속세를 낼 여력이 없었다. 그래서 아버지가 살던 집과 개인 소유로 되어 있던 부동산을 매각해 상속세를 냈다. 이것이 갈등의 불씨가 됐다.

동생들의 입장은 장남이 회사 지분을 모두 상속받았으니 부친의 다른 개인 재산은 당연히 자신들에게 돌아올 것으로 기대했다. 그런데 장남이 이를 상속세로 내버린 것이다. 동생들이 생각하기에 회사 몫이 훨씬 크므로 자신들이 형에게 많이 양보했다고 생각했는데, 형이 이런 결정을 내리자 불만이 커졌다. 하지만 박 사장의 입장은 달랐다. 상속세를 내려면 회사 주식을 매각해야 하는데 비상장기업이라 매매도 안 되고, 가능하더라도 회사 주식을 움직이면 지금처럼 기업을 유지할 수 없다는 것이다. 그렇다고 당장 자녀들과 함께 사는 집을 팔아 상속세를 낼 수도 없었다.

동생들도 박 사장의 상황은 이해하지만 상속받을 재산 앞에서는 절대 물러서지 않았고 동생들의 배우자까지 가세하며 급기야 유류분 소송으로 이어졌다. 결국 장남이 빚을 내어 동생들에게 일정 금액을 돌려주는 것으로 상황이 마무리되었지만, 이 일로 회사 운영도 어려워지고 형제관계는 되돌릴 수 없게 되었다.

과연 누구의 잘못일까? 이 사례에서는 누구의 잘잘못을 따져 묻기 어렵다. 굳이 잘못을 따지면 상속세 문제에 대한 대안을 준비하지 못했다는 것이다. 가장 좋은 시나리오는 1세대 경영자가 상속세 문제를 해결할 대안을 미리 마련해두는 것이다. 납부 절차를 유언장에 명시하고, 자녀들에게 재산을 어떻게 배분할 것인지 대략적인 계획을 세워두었다면, 상속세 문제로 가족분쟁이 일어나는 건 막을 수 있었을 것이다.

하지만 불행하게도 가업승계를 전후해 이와 유사한 상속 분쟁 사례들이 아주 많이 발생한다. 대법원 통계 자료에 따르면, 상속 관련 유류분 소송이 매년 20~30%씩 늘어나고 있다.[7] 대부분의 부모는 '내 자식들은 달라.' '우리 가족과는 상관없는 일이야.' '내 자식들은 착하고 말을 잘 들으니 잘 따라줄 거야.' '내가 확실하게 얘기해놓았으니 괜찮아.' 같이 낙관적으로 생각한다. 하지만 이런 안일한 생각이 상속 분쟁의 불씨가 되어 문제를 더 크게 만든다. 문제는 대기업과 달리 중소기업에서 이런 가족분쟁이 일어나면 기업 생존에 영향을 미칠 정도로 치명적이란 것이다. 많은 연구에 따르면 가족 간의 분쟁은 기업의 영속성을 저해하는 주요 원인 중 하나다. 극단적인 경우 상속세 분쟁만으로 문을 닫는 기업도 있다.

후계자 없는 기업의 미래

　　　　　　　　1986년 '산타베어'라는 이름으로 미국에서 선풍적인 인기를 끈 곰 인형이 있었다. 우리나라의 한 중소기업에서 만든 제품으로 무려 20년 동안 꾸준하게 인기를 얻었다. 1977년 이 회사를 창업한 정 사장은 봉제완구 수출로 30년간 흑자 경영을 해온 중소기업계의 신화적인 인물이다. 그는 30년간 무차입 경영을 하며 그야말로 회사를 알짜 기업으로 만들어놓았다. 그런데 갑자기 정 사장은 스스로 종업을 선언했다. 그는 왜 건실한 기업의 문을 닫겠다고 결심했을까?

　창업자인 그는 나이가 들면서 점점 경영의 한계를 느꼈다. 승계를 하고 은퇴를 하려고 했지만 자녀들 중에 누구도 회사를 맡으려 하지 않았다. 정 사장 역시 자녀들이 각자 자기가 원하는 일을 하며 잘 살고 있는데, 회사 승계를 강요하여 자녀들을 힘들게 하고 싶진 않았다. 그래서 이번에는 회사 내부에서 후계자를 찾았다. 하지만 회사를 책임지고 맡아 키울 유능한 직원이 없었다. 전문경영인을 영입하는 방법도 고려해봤지만 봉제를 잘 알면 영어를 못했고, 영어를 잘하면 봉제를 몰라서 적임자를 찾지 못했다. 매도도 알아봤지만 봉제 사업이 사양 산업이라고 인식해 사겠다고 나서는 사람이 아무도 없었다.

　젊었을 때부터 하루를 48시간처럼 쓰며 열심히 기업을 키워왔던 그는 괜히 다른 사람에게 넘겨 회사를 망가뜨리느니 차라리 가장 번창한 지금 스스로 아름답게 정리하는 것이 더 바람직하다고 생각해 결국 종업을 결정한 것이다. 사옥을 매각하고 이사하는 날 그는 남몰래 탄식했다. '아, 이제 정말 그만두는구나.' 혼신을 바쳐 일했던 시간들이 남기고 간 흔적은 깊었다. 그는 자신의 회고록에 그때의 감정을 이렇게 기록했다.[8] "아쉬웠다. 정말 아쉬웠다. 마음 한구석이 텅 비어 황량한 바람이 스쳐 지나가는 듯했다."

종업하고 그를 만났을 때 그는 내게 봉제완구가 사양 산업이라고 하지만 해외에서 통하는 브랜드 인지도와 30년간 쌓은 기술 노하우가 있기 때문에 쉽게 망하진 않았을 거라고 했다. 만약 그가 자녀들 중 한 명을 적합한 후계자로 길러두었다면 어땠을까. 그는 "1954년 창업해 세계적으로 유명해진 독일의 테디베어와 경쟁할 만큼 기업을 한 단계 더 성장시킬 수 있지 않았을까요." 하며 내내 아쉬움을 토로했다.

IBK 경제연구소에 따르면, 중소기업 경영자 중 59%는 친족 승계를 원하지만 38%는 마땅한 후계자가 없어 '미정'이거나 '제3자' 또는 'M&A' 등을 고려한다.[9] 하지만 대부분의 기업들이 성숙기나 쇠퇴기에 접어들어 국내 기업의 M&A 성사 가능성도 낮다. 국내 중소기업 가운데 후계자가 없어 폐업하는 기업은 연간 6만 9849곳. 최근 알짜배기 중소 · 중견기업들이 중국과 같은 해외에 헐값에 매각되고 있어 후계자 부재 문제의 심각성은 앞으로도 더 부각될 듯하다.

후계자가 있다고
승계가 보장되지는 않는다

70대에 접어든 창업자 김 회장은 초등학교를 졸업하고 빈손으로 서울에 올라와 모진 고생을 하며 기업을 일군 자수성가 사업가다. 그는 창업 후 40년간 회사를 위해 살았다고 해도 과언이 아닐 정도로 평생 일만 하며 기업을 견실하게 성장시켰다. 반면 어렸을 때부터 아버지와 함께 보낸 시간이 적었던 자녀들은 아버지에 대한 기억이 별로 좋지 않았다. 아버지는 자녀들과 시간을 함께 보낼 때에도 늘 엄격하고 무서웠으며, 가족들은 항상 아버지 눈치를 살펴야 했기 때문이다.

내가 만난 김 사장은 그의 둘째 아들이었다. 그는 어려서부터 아버지를 무서워해 단 한 번도 승계를 생각해본 적이 없었다. 그가 유학을 다녀와 대기업에 다니고 있던 때, 아버지 회사에서 후계자로 일하고 있던 형이 불현듯 승계를 포기하고 회사를 떠났다. 갑작스러웠지만 그는 형을 대신해 아버지 회사를 맡을 수밖에 없었다.

내성적이었던 형은 대학을 졸업하고 아버지의 강압적인 요구에 못이겨 후계자 수업을 받았다. 10년 동안 아버지 밑에서 일하며 경력을 쌓고 부사장이 되었지만 아버지의 독선 때문에 갈수록 자신감이 떨어졌고 일에 대한 흥미도 잃었다. 그래서 형은 예고도 없이 승계 포기를 선언하고 자신의 가족들과 함께 미국으로 떠났다. 장남이 갑작스레 회사를 떠난 것에 충격을 받은 김 회장 역시 고향에서 농사나 짓고 살겠다면서 30대 중반이었던 둘째 아들을 사장으로 취임시키고 회사를 떠났다.

회사를 맡은 5년 동안 김 사장은 수많은 어려움을 극복하고 회사를 안정화시켰다. 그 무렵부터 김 회장은 다시 회사 일에 조금씩 관여하기 시작했고 급기야 회사에 전면 복귀했다. 김 회장은 둘째 아들이 결정한 사항을 일방적으로 번복하거나 사전 합의를 거치지 않고 중대한 사안들을 독단적으로 결정했다. 그때부터 부자 갈등이 시작되었다. 두 사람은 경영 방식부터 근본적으로 달랐는데, 김 회장은 현재에 충실하고 지금까지 쌓아온 것을 지켜야 한다고 생각하는 반면, 아들인 김 사장은 회사의 진화와 발전을 위해 장기적인 기업 성장에 중점을 두고 사업을 계획했다.

김 회장이 당장 눈에 띄는 실적이 없다는 이유로 김 사장이 설립한 연구소를 폐쇄하자 부자 갈등은 더욱 심해졌다. 직원들도 누구 말을 들어야 하는지 혼란스러워했고 이런 일이 1~2년 반복되자 김 사장도 어쩔 수 없이 아버지의 뜻에 따라 현실에 안주하는 경영을 할 수밖에 없게 되었다. 결국 얼마 안 가 그도 형처럼 경영에 흥미를 잃고 회사를 맡은 지 7년 만에 회사를 떠났다. 둘째 아들마저 회사를 떠나자 김 회장은 자신이 실무에서 아예 손을 떼겠다며 둘째 아들에게 조속히 복귀해달라고 권했다. 하지만 김 사장은 아버지를 더는 신뢰할 수 없고 회사에 대한 애정도 없어 돌아갈 생각이 없다고, 새로운 사업을 준비 중이라고 했다. 아들이 떠나자 회사는 급격하게 기울기 시작했고 70대 중반에 접어든 김 회장은 혼자 힘으로는 회사를 다시 회복시킬 수 없다고 판단했다. 마침내 김 회장은 분신처럼 여기며 40년 넘게 키워 온 기업을 스스로 헐값에 정리해야만 했다.

후계자가 없어서 승계에 실패하는 기업도 있지만, 후계자가 있다고 성공적인 승계가 보장되는 것은 아니다. 성공적으로 승계하고 싶다면 승계 당사자인 아버지와 아들, 즉 창업자와 후계자가 신뢰와 협력 관계를 맺는 것이 필수다.[10] 컨설팅을 하다 보면 안타깝게도 이 사례처럼 아버지와 갈등을 빚어 어려움을 호소하는 후계자들이 의외로 많다. 특히 후계자가 성장할 때부터 아버지와 갈등을 겪게 되면 가업승계를 하는 과정에도 부정적인 영향을 미칠 수밖에 없다. 후계자를 강하게 훈련시킨다는 명분으로 자녀의 부족함을 지적하거나 언어적·물리적 폭력을 행사하는 아버지가 있는데, 이럴 경우 후계자인 자녀들은 자존감이 낮아지고 주눅 든 상태로 성장하기 때문에 남도 잘 믿지 못하게 된다.[11]

한 후계자는 자신이 나가는 후계자 모임에서 만난 사람들 중 70% 정도는 부친과의 갈등으로 정신적 문제를 겪고 있다고 했다. 심각한 경우에는 정신과 치료도 받아야 한다고 덧붙였다. 이런 상황에서는 어떤 기업도 성공적인 승계를 기대하기 어렵다. 결국 아버지와 자녀가 원만한 관계를 유지하며 신뢰를 쌓는 것이 가업승계의 성패를 좌우하는 가장 중요한 핵심 과제라고 할 수 있다.

이 책을 읽는 많은 기업의 경영자가 처한 상황도 위의 사례들과 무관하지 않을 것이다. 이 기업들이 겪은 문제의 성격은 조금씩 다르지만 하나의 공통점이 있다. 세대교체 시에 발생할 수 있는 문제에 대한 이해가 부족하고 준비도 미흡했다는 것이다. 그래서 문제가 발생하고 나면 대부분 손을 쓰기 어려운 상황에 이른다. 승계 계획을 세우기 위해 자신의 기업에 닥친 문제들을 분석하는 것도 중요하지만, 그보다 더 중요한 것은 위의 사례와 같은 문제들을 극복하고 성공적으로 세대교체를 하는 일이다.

이제부터 이 책의 핵심이자 분쟁 없는 가업승계 전략의 기틀을 마련해줄 가족기업 3차원 시스템을 설명할 것이다. 이 시스템을 바탕으로 위의 사례들을 어떻게 해결할 수 있는지 눈여겨보자.

가족기업의
3차원 시스템

가족기업은 가족, 기업, 오너십이라는 3개의 독립적 시스템이 결합되어 하나의 복잡한 시스템을 이룬다. 이를 가족기업의 3차원 모델이라고 한다.[12]([그림 1-1]) 3차원 모델은 1980년대 하버드 대학의 레나토 타귀리Renato Tagiuri와 존 데이비스John Davis가 소개하고 나서 지금까지 가족기업의 메커니즘을 이해하는 가장 중요한 모델로 수용되어왔다. 가족기업들이 겪는 가족분쟁을 설명할 때 각 시스템에 연관된 이해관계자들의 관점과 갈등의 성격을 분석하는 데 매우 유용하게 활용되기 때문이다. 또한 이 모델은 가족기업을 연구하거나 컨설팅하는 데 가장 기본이 되는 도구이기도 하다. 여기서는 이 모델을 기반으로 시스템별 특징과 경영자가 각 시스템의 발전 단계에 따라 무엇을 준비해야 하는지 살펴봄으로써 가업승계에 필요한 큰 그림을 그려볼 것이다.

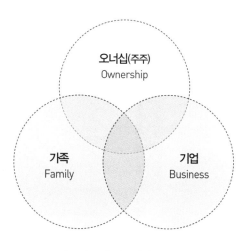

[그림 1-1] 가족기업 3차원 모델

가족, 기업, 오너십 시스템과
경영자의 도전과제

가족기업의 3차원 모델을 이루는 3개의 하위 시스템은 사람의 성장 단계처럼 각각 일정한 시기가 지나면 진화한다. 체계적인 승계 준비의 기본은 바로 각각 독립된 시스템인 가족, 기업, 오너십이 어떤 단계를 거쳐 발전하는지 이해하는 것이다. 각 시스템의 발전 단계는 [그림 1-2]와 같으며,[13] 각 단계마다 특징이 있고 경영자와 기업이 반드시 해결해야 할 도전과제들이 있다. 도전과제들을 제대로 수행하느냐 못 하느냐에 따라 '성공적인 가업승계'가 결정된다.

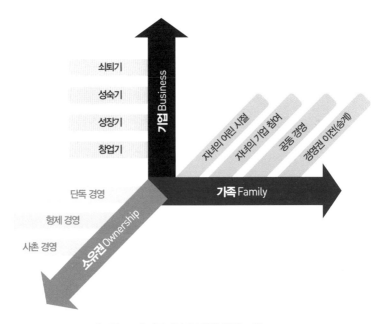

[그림 1-2] 가족기업의 3차원 발전 모델

[그림 1-2]에 따라 세 가지 요소를 각각 살펴보자.

① **기업.** 기업의 발전 단계는 일반적으로 4단계로 나뉜다. 1단계는 창업기다. 이 시기는 창업자가 막 사업을 시작한 때이므로 일단 기업이 자리 잡는 데 총력을 기울인다. 이 시기를 잘 넘기면 매출이 늘면서 기업 규모가 커지게 되는데, 이 시기를 성장기라고 한다. 마찬가지로 이 시기에도 살아남으면 기업 안팎으로 상황이 안정되고 성장세가 최고치에 이르는 성숙기에 접어든다. 그러다가 현실에 안주

해 뒤처지게 되면 성장세가 하락하며 쇠퇴기에 이른다. 이 과정을 일반적인 기업의 라이프 사이클이라고 한다. 경영자가 이 발전 단계를 이해하고 각 단계에 필요한 역할이나 도전과제를 잘 수행할 때 비로소 기업을 존속시켜 다음 세대에 넘겨줄 수 있게 된다.

② **가족.** 가족 시스템은 후계자의 리더십 개발에 초점을 맞추며 4단계로 구분한다. 1단계는 잠정적 후계자인 자녀가 어렸을 때다. 대부분 이 시기는 기업의 발전 과정에서 창업기에 맞물리는데, 이때 자녀들이 어떻게 가정교육을 받으며, 특히 창업자와 어떤 관계를 맺는가에 따라 훗날 승계에 영향을 미친다. 2단계는 자녀가 대학을 졸업하고 회사 안팎에서 실무 경험을 쌓는 시기다. 그리고 일정 기간이 지나면 중견 관리자가 되어 창업자와 '공동 경영' 단계에 이르게 된다. 마침내 창업자가 경영 일선에서 물러나 후계자에게 경영권을 이전하면, 후계자는 권한을 위임받아 새로운 경영자가 된다. 그때가 되면 3세대가 후계자 준비를 하는 새로운 사이클이 시작된다. 가족 시스템에서 경영자가 해결해야 할 핵심적인 문제는 후계자와 원만한 관계를 유지하면서 체계적으로 자녀를 훈련시키는 것이다. 기업을 이어갈 후계자가 있고 그들이 체계적으로 승계 과정을 밟아 리더로서 준비되어야 기업은 대를 이어 생존할 수 있다.

③ **오너십.** '소유권'에 대한 것으로, 세대가 바뀌면 의사결정과 경영

방식도 변한다. 창업 초기엔 창업자가 최대주주이기 때문에 지배적인 소유권을 갖고 단독 경영을 한다. 의사결정과 그에 따른 책임 역시 당연히 창업자의 몫이다. 만일 창업자가 한 자녀에게 소유권을 물려주면 기업은 단독 경영으로 이어지겠지만, 어느 세대에서든 형제자매에게 소유권이 분산되면 자녀들이 소유권을 공유하며 함께 협력해서 일해야 하는 형제 경영 방식으로 전환된다. 그리고 그들의 자녀들에게 소유권이 넘어가면 사촌들에게 소유권이 분산되는 사촌 경영으로 변한다. 이처럼 세대가 넘어가며 소유권이 여러 가족에게 분산되거나 경영에 참여하는 가족들이 많아지면 이해관계가 복잡해져 가족 간의 갈등이나 분쟁이 발생할 가능성이 높아지게 된다. 소유권 시스템에서 경영자가 주목해야 할 것은 가족들의 이해관계를 잘 파악하여 가족분쟁을 예방하는 것이다.

가족기업 3차원 모델
통합 계획 수립하기

앞으로 총 3개의 장에 걸쳐 2장에서는 기업, 3장에서는 가족, 4장에서는 오너십에 대해 설명할 것이다.

기업 차원에서 궁극의 목표는 기업의 지속적인 발전이다. 기업 시스템에서는 기업의 라이프 사이클과 단계별 특징 및 경영자에게 주어진

도전과제, 역할 등을 세세하게 풀어가면서 경영자가 당장 회사 운영에 필요한 문제들만 해결하느라 놓쳤던 것들이 무엇인지 그리고 무엇을 조심해야 할지 알게 될 것이다. 또한 경영 시스템을 전문화하는 법과 창업자의 철학과 이념을 다음 세대에 계승하는 방법에 대해서도 소개할 것이다. 그리하여 궁극적으로는 경영자가 이 시스템을 하나로 아울러 구체적이고도 체계적인 승계 계획을 세울 수 있게 될 것이다.

가족 차원에서의 중요한 목표는 가족의 화합이다. 가족 시스템에서는 가족기업의 이해관계자별 특성을 통하여 승계 시 발생하는 가족 간의 갈등과 분쟁원인을 이해하게 되고 그 해결방법을 찾을 수 있게 될 것이다. 또한 자녀들이 어렸을 때부터 시작해 어떤 훈련을 통하여 유능한 후계자로 키울 것인가. 여기에 초점을 맞춰 자녀와 소통하는 방법, 격려하는 방법, 리더십을 길러주며 권한을 위임하는 방법을 알려줄 것이다. 그리고 창업자의 행복한 은퇴를 위해서는 무엇을 어떻게 준비할 것인가를 소개할 것이다.

오너십 차원에서의 목표는 가족 안에서 소유권이 잘 보존되는 것이다. 이를 위해 오너십의 발전 과정과 소유권 이전에 따른 자녀 간의 형평성 문제, 가족분쟁을 예방하기 위해 사전에 가족 간 협의하고 체계적인 가족 규정을 수립하는 방법, 상속세 및 증여세 절세 방법 및 세금 재원을 마련하는 방법 등을 배우게 될 것이다. 이를 정리하면 [그림 1-3]과 같다.

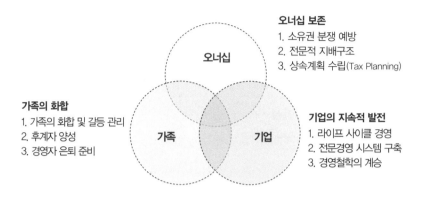

[그림 1-3] 가족기업 3차원 모델 통합 계획

    가업승계를 체계적으로 준비한다는 것은 가족기업 3차원 모델을 토대로 기업의 지속적 발전, 가족의 화합, 오너십 보존이라는 목표를 잘 실현하고 이 과정에서 발생하는 수많은 과제를 통합적으로 잘 관리할 수 있는 능력을 갖춘다는 말이다. 물론 쉽지 않다.

    가업승계에 관해 세분화된 분야별 전문가는 많다. 그런데 왜 기업의 경영자들은 번번이 가업승계에 실패하거나 난색을 보이는가? 왜 가업승계 성공률이 30%밖에 되지 않는가? 미시적 관점에서 특정 문제만을 해결하는 데 집중할 뿐 가족기업 시스템을 통합해 종합적인 관점을 제시해주지 못하기 때문이다.

    세무 전문가들은 소유권과 관련하여 상속·증여세 절세 방법에만 초점을 맞춰 승계를 이야기하고, 법률 전문가들은 승계 문제를 대할 때 가족 간의 분쟁을 해결하는 것에만 중점을 둔다. 경영 전문가들은 기업 경영에 필요한 전략이나 시스템 구축에 대해서만 조언한다.

하지만 승계란 좀 더 거시적인 관점에서 문제의 원인을 파악하고 대비책을 마련해야 하는 작업이다. 가족기업을 운영하는 경영자나 후계자, 가족, 기업의 주요 관리자들 모두가 종합적인 관점을 가지고 승계 문제에 접근해야 하며, 각 발전 단계별 다양한 도전과제를 충분히 이해한 다음 선도적으로 과제를 수행해야 한다. 이제 가족기업의 3차원 모델을 중심으로 승계에 대한 큰 밑그림을 그려보자. 멀리 내다보고 크게 볼수록 문제의 핵심은 더 잘 보이는 법이다.

100년 가업을 위한 기반 다지기

기업 라이프 사이클
전문경영 시스템
경영철학

승계전략이
곧 생존전략이다

기업은 경영자를 포함해 수많은 직원이 모인 집합체다. 동시에 시장 상황에 따른 여러 가지 변수에 민감하게 반응하는 유기체이기도 하다. 따라서 기업도 수명이 있다. 코스피 상장기업 기준으로 보면 2006년 33년이었던 기업의 평균 수명이 2012년에는 29년으로 4년 감소했고 그 추세는 점점 더 짧아질 것으로 예측된다. 비상장기업까지 포함하면 평균 수명은 11년으로 뚝 떨어진다. 미국이 15년, 전 세계 기업의 평균 수명이 13년임을 고려할 때 평균에도 미치지 못하는 수준이다. 어떤 기업은 100년이 넘도록 생존하는데 왜 어떤 기업은 불과 수년 만에 사라지는 걸까?

사람이 태어나서 유년기, 청년기, 장년기와 노년기를 거쳐 사망에 이르는 것처럼 기업도 비슷한 과정을 거친다. 1장에서 언급했듯이 크게 창업기, 성장기, 성숙기, 쇠퇴기 4단계로 나뉘는데, 이 과정을 기업의 라이프 사이클이라고 한다. 경제나 사회 문제와 같은 외부 환경의 변화, 기업별 특성에 따라 약간의 차이는 있지만 큰 흐름은 비슷하다. 다만 사람의 성장 과정과 다른 점이 있다면, 기업의 라이프 사이클은 각 단계가 반드시 순차적으로 오지 않는다는 것이다. 창업기가 지났다고 해서 그다음 단계가 무조건 성장기나 성숙기가 되리란 보장이 없다. 어떤 기업은 창업한 지 수십 년이 지나도 여전히 창업기에 머무를 수 있고 어떤 기업은 10여 년 만에 성숙기에 이를 수 있으며 어떤 기업은 당장 망할 수도 있다.

기업의 라이프 사이클을 구분하는 것은 연구하는 사람마다 조금씩 차이가 있다. 조직의 규모나 성장 정도에 따라 창업기, 성장기, 성숙기, 쇠퇴기 4단계[1]로 구분하는 것이 일반적이며, 성장기와 성숙기 사이에 도약기를 넣어 5단계[2]로 구분하기도 한다. 또한 기업의 매출 규모에 따라 7단계[3]로 구분하는 등 연구자의 관점에 따라 성장 모델이 조금씩 다르다. 창업기, 성장기, 성숙기, 쇠퇴기로 나눈 단계를 보편적으로 쓰기 때문에 앞에서는 이 단계를 토대로 개념을 설명했지만, 앞으로는 기업의 라이프 사이클을 [그림 2-1]처럼 기업의 규모를 기준으로 생존기, 성장기, 도약기, 성숙기 4단계로 구분하여 설명할 것이다.

이유는 크게 두 가지다. 가업승계를 연구하고 컨설팅하는 전문가로서 이 책의 분명한 목적과 현장 경험을 바탕으로 한 현실적인 대안을 제시하기 위함이다. 이 4단계는 지난 10여 년 동안 내가 학계에서 연

생존기 ▶ 성장기 ▶ **도약기** ▶ 성숙기

[그림 2-1] 기업의 라이프 사이클 4단계

구한 것과, 승계 관련 컨설팅을 하며 접한 수많은 기업 사례를 바탕으로 한국 중소·중견기업의 실정에 맞게 새로 정립한 체계다.

이 책은 기업이 어떻게 단명하는가를 설명하려고 쓴 것이 아니다. 안전하고 체계적인 가업승계 전략을 세움으로써 기업이 장수하도록 돕는 데 궁극적인 목적이 있다. 이 책에 나오는 여러 기업 사례는 현재 가업승계를 염두에 둔 한국의 중소기업이 가장 많이 겪는 문제들이다. 그동안 나는 세대교체를 하는 데 숱한 위기를 맞았지만 멋지게 극복한 경영자들을 만났다. 그들이 '생존'의 측면에서 어떻게 기업 라이프 사이클을 따랐는지, 성장기나 성숙기 단계에서 어떤 전략을 세워 재도약했는지 지켜보며 기업이 장수할 수 있는 라이프 사이클을 재정리했다. 따라서 성장기 기업이 어떻게 하면 성장세를 더 키울 수 있는지에 초점을 맞춰 도약기를 설명하고, 그 성장세가 절정에 달한 성숙기를 마지막 단계로 설정하되 경영자가 각 단계에 필요한 과제들을 제대로 준비하지 않으면 어느 단계에서든지 쇠퇴기를 맞을 수 있음을 설명하고자 했다.

즉, 이번 장의 핵심은 단계별로 소개하는 기업 라이프 사이클의 특징을 파악함으로써 쇠퇴기로 가지 않고 재도약의 발판을 마련하는 승계 필승 전략을 세우는 것이다. 지속 가능한 기업으로 생존하지 못한다면 승계도 필요 없지 않겠는가?

2장에서 설명하는 기업의 라이프 사이클을 이해하면 경영자는 두 가지 유익한 정보를 얻을 수 있다.

첫째, 자신이 운영하는 기업의 성장 단계별로 무엇이 필요하고 무엇이 불필요한지 예측할 수 있다. 가령 어떤 경영 문제에 직면하게 되더라도 이전보다 쉽게 문제의 원인과 해결책을 찾을 수 있을 것이다. 둘째, 라이프 사이클 모델을 기업의 하부 조직이나 각 사업부마다 별도로 적용해볼 수 있다. 성숙기에 도달한 기업이 새로운 사업부를 신설한다면, 그 사업부를 성숙기가 아닌 생존기 관점에서 지원하는 것이다. 그러면 기업 전체가 더 안정적으로 성장할 여지가 많아진다.[4]

은퇴를 앞두고 쇠퇴기를 맞을 것인가, 아니면 제2의 도약기를 맞을 것인가의 차이는 결국 기업이 성장 과정에서 어떤 변화를 꾀했느냐에 따라 좌우된다. 지금부터 각 성장 단계별 특징, 기업이 수행해야 할 도전과제, 해결 방안에 대해 알아볼 것이다. 경영자나 관계자들은 자신의 기업이 현재 어떤 위치에 있는지, 어떤 전략이 필요한지 꼼꼼하게 체크해보자.

생존기:
"나는 왜 이 일을 하는가?"

생존기는 창업 직후부터 일정 수준의 정기적인 매출과 수익이 확보된 시기까지를 말한다. 제조업의 경우 연간 매출이 약 10억 원, 서비스 분야의 경우 약 3억 원을 달성한 시기가 이에 해당한다.[5] 창업할 때 충분한 자금을 가지고 시작하는 사람은 많지 않다. 대부분은 퇴직금이나 담보 대출을 받아 초기 투자비용을 마련하는데, 회사 운영비나 재료 구입비, 시제품 생산비, 유통비 등 투자 요소들을 신중하게 따져서 촘촘하게 예산을 짠다. 그러나 창업 초기에는 새로 태어난 아기에게 수유하듯이, 고정적으로 지출해야 하는 비용이 많다. 회사가 언제부터 수익을 낼지 예측하기 어려운 상황에서 초기 자본금이 있더라도 자금 압박을 돌파할 궁극적인 방법이 없다면 생존은커녕 당장 문을 닫아야 할지 모른다. 실제 이런 이유로 신생 기업 10곳 중 절반가량이 2년 안에 문을 닫는다.

한 창업자는 사업을 시작하고 2년 가까이 제대로 된 고객은 구경도 못한 채 비정기적으로 들어오는 소일거리만으로 연명하다가 전기료도 제때 못 내는 지경에 이르렀다. 지금은 중견기업의 회장이 된 또 다른 창업자는 10년간 맞벌이로 모은 돈과 퇴직금, 은행에서 차입한 돈까지 5000만 원을 모아 사업을 시작했다. 그런데 창업하고 1년도 못 돼 자본금을 다 써버리는 난관에 부딪쳤다. 초기에 수입 없이 급여와 사무실 임대료 등 매달 수백만 원의 고정비를 충당해야 했기 때문이다. 결국 직원들에게 월급도 못 주는 상황까지 내몰렸다.

3~5년차 정도 되는 신생 기업들이 아이디어를 사업화하는 과정에서 자금을 유치하지 못해 도산 위기를 맞는 것을 이른바 '죽음의 계곡 Death Valley'이라고 한다. 산업 환경에 따라 약간의 차이는 있겠지만 큰 틀에서 보면 창업자들이 생존기에 직면하는 어려움은 다 비슷하다. 그들은 모두 초기 자금을 확보하려고 고군분투하고 인재 영입에 곤란을 겪으며, 신생 기업은 잘 상대하지 않으려는 은행에게서 외면당하고 숨이 턱턱 막히는 정부의 관료주의와 싸워야 하는 공통 문제를 겪는다.[6]

통계청 자료에 따르면 전국 신생 기업의 생존율은 1년 후 61%, 2년 후 48%, 3년 후 40%, 4년 후 35%, 5년 후 29%다. 시간이 지날수록 떨어지는 생존율을 보면 살아남는 것 자체가 얼마나 어려운 일인지 짐작할 수 있다. 경영자가 이 시기에 가장 집중해야 할 문제는 돈을 버는 것이 아니라 기업의 생존율을 높이는 것이다.

헌신할 준비가
충분히 되었는가?

기업의 생존율을 높인다는 것은 창업자들이 죽음의 계곡을 잘 건너야 함을 의미한다. 이는 결국 수익을 내 자금 압박에서 벗어나야 한다는 뜻이다. 그러려면 다음 두 가지를 잘 수행해야 한다.[7] 첫째, 경쟁력 있는 제품과 서비스를 개발해야 한다. 초기에는 한 가지 제품으로 비즈니스를 시작하므로 상품 경쟁력이 떨어져 판매 경로가 막히면 시간이 지나도 수익을 기대하기 어렵다. 이 기간이 길어지면 자금 압박으로 이어지기 때문에, 안정적으로 시장에 진입하고 싶다면 품질 좋은 제품과 서비스가 기본이다. 물론 그전에 잠재 고객이 누구인지, 그들에게 상품으로 어떤 가치를 제공할 것인지 시장과 고객을 명확하게 규정하는 것이 먼저다. 둘째, 핵심 고객의 반복 구매를 유도함으로써 일정한 현금 흐름을 만들어야 한다. 그러려면 먼저 신규 거래처를 늘리는 일에 전념해야 한다. 원가 절감을 통한 합리적인 가격, 품질 개선 등 제품 자체만으로 시장 경쟁력을 확보하는 것도 중요하지만, 효과적이고 공격적인 마케팅 전략을 수립해 반복적으로 구매하는 핵심 고객을 만드는 일도 매우 중요하다. 그러기 위해서는 기회를 잘 포착하고 행동 지향적이 되어야 한다. 결국 이 시기에는 고객이 원하는 바를 충족시켜줄 제품과 서비스를 개발하고, 상품이나 서비스를 판매하는 데 모든 에너지와 자원을 집중해야 한다. 제품과 시장이라는 두 마리 토끼를 잡아 안정적인 현금 흐름을 만들어내야만 다음 단계인 성장기로 진입할 수 있다.

하지만 이 시기에 살아남더라도 계속 안정성만 추구한다거나 포화 시장에서 새로운 제품이나 서비스를 개발하지 못한다면, 짧게는 수년, 길게는 수십 년 동안 생존기에 머물다 쇠퇴기를 맞기도 한다.[8]

생존기의 특징은 창업자가 비즈니스의 중심에서 모든 일을 통제하고 독단적으로 의사결정을 한다는 것이다. 이런 방식이 굳어진다면 향후 기업 발전에 문제가 되겠지만 창업 초기에 한정해서 본다면 창업자가 모든 일을 진두지휘하는 것이 효과적이다. 내부 관리 체제가 마련되기 전이고, 제품이나 서비스, 고객, 거래처 등 회사와 관련하여 창업자보다 더 잘 아는 사람이 없기 때문에 창업자가 빠르게 의사결정을 하는 것이 훨씬 유리하다.

이 시기는 생존에 대한 압박 때문에 매우 불안한 시기이기도 하다. 창업을 한다는 것은 자신의 아이디어를 현실에서 구현하는 것이다. 그러기 위해서는 지속적으로 한계에 부딪쳐 보고 보이지 않는 위험 부담도 떠안아야 한다. 그러므로 창업자의 절대적인 헌신이 필요한 시기다. 만약 창업의 동기가 단지 돈을 버는 것이라면 기업을 지속적으로 이끌어 나가기 어렵다.[9] 창업자가 적극적이면서 확신을 가지고 움직이려면 스스로 "왜 비즈니스를 하는가?"에 대한 분명한 목적의식이 있어야 한다. 그렇지 못하면 결심은 흔들리고 금세 포기하게 된다.

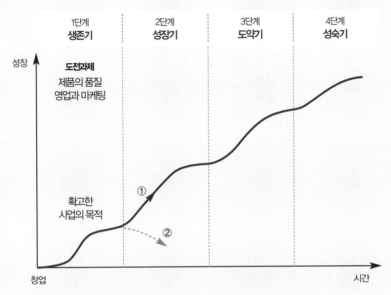

[그림 2-2] 기업의 라이프 사이클 1단계 : 생존기

기업 라이프 사이클 1단계 : 생존기

생존기 특징
- 한 가지 제품이나 서비스로 비즈니스를 시작한다.
- 창업자가 모든 의사결정의 중심에 있으며 조직 구조가 단순하고 유연성이 높다.

기업의 도전과제
- 기업을 대표할 경쟁력 있는 제품과 서비스를 확보해야 한다.
- 반복적으로 거래할 수 있는 핵심 고객을 늘려 일정한 현금 흐름을 만들어내야 한다.
① 도전과제를 수행할 경우 성장기로 진입
② 실패할 경우 쇠퇴기로 진입

경영자 역할
- 스스로 '왜 사업을 하는가?'에 대한 분명한 목적이 있어야 한다.
- 기회를 포착하기 위해 행동 지향적이어야 한다.
- 생존에 집중하여 일정한 매출과 수익 구조를 만들어야 한다.

성장기:
기업의 성장과
경영 전문화

        생존기를 무사히 넘긴 기업은 상품이 다양해지고 사업 분야가 확장되며 중소기업 규모로 커지는데, 대체로 이 시기를 기업의 성장기로 본다. 제조업 기준으로 연간 매출액이 10억 원에서 시작해 많게는 1000억 원(서비스업의 경우 3억 원에서 330억 원)에 이르는 기업이 이에 해당한다.[10] 이제 생존 자체보다는 급격히 확장되고 있는 회사를 어떻게 전략적으로 더 키워나갈 것인가를 고민해야 하는 시기다. 하지만 빠르게 성장하는 기업들이 맞닥뜨리는 가장 큰 문제는 제품이나 서비스의 공급량이 눈에 띄게 늘면서 기존에 가지고 있던 자원이나 운영 방식이 한계에 부딪치는 것이다. 기업의 성장 속도가 관리 역량을 추월하게 되면 내부적으로 큰 혼란을 겪게 되는데, 이것을 기업의 성장통이라고 한다. 인적 자원 회계 분야의 창립자이자 캘리포니아 대학교 앤더슨 경영대학 명예교수인 에릭 플램홀츠Eric Flamholtz는 "성장통을 겪는다는 것은 기업이 성장하는 과정에서 무엇인가 내부적으로 잘못되고 있다는 신호이며, 회사가 앞으로 재정적인 문제를 포함하여 큰 어려움을 겪게 될 것이라는 경고"라고 말했다.[11]

　일반적으로 성장통은 기업이 급격하게 성장하는 시기에 나타나지만 기업의 내부 시스템이 성장 속도를 뒷받침하지 못하면 언제든지 발생할 수 있다. 이 시기에 경영자가 해야 할 가장 중요한 일은 전문화된 경영관리 시스템을 구축하는 것이다. 만약 경영자가 기업 몸집 키우기에만 연연한다면 기업에 균열이 생기고 결국 붕괴에 이른다. 이는 마치 기초가 약한 2층짜리 건물을 지어놓고 보강 공사 없이 그 위로 계속 건물을 지어 올리는 것과 같다.

　어떤 IT 벤처 기업은 창업하고 내부 시스템을 구축할 여유도 없이 급격하게 성장해 내부적으로 큰 혼란을 겪었고 결국 창업 10년 만에 문을 닫았다. 이 기업의 경우 제품의 라이프 사이클 자체가 짧아 10년도 채 안 되어 성숙기에 도달한 것도 문제였지만 성장기에 겪은 혼란 때문에 후속 제품 개발 같은 미래 준비가 안 된 것이 가장 큰 실패의 원인이었다.

　[표 2-1]은 성장통을 진단하는 질문들이다. 각 문항을 읽고 자신의 회사 상황을 가장 잘 설명한 곳에 ○ 표시하면 된다. 각 항목별로 점수를 내어 합산하고 [표 2-2]를 참조하여 자신의 기업 상황을 확인해 보라. 중소기업을 기준으로 성장통을 앓고 있는 기업의 평균 점수는

성장통 증상	아주 많이 그렇다	많이 그렇다	어느 정도 그렇다	약간 그렇다	아주 조금 그렇다
1. 직원들이 하루로는 시간이 모자란다고 느낀다.					
2. 예상치 못한 급한 일에 시간을 많이 빼앗긴다.					
3. 대부분의 직원들은 다른 직원이 하는 일에 대해서 알지 못한다.					
4. 직원들이 기업의 궁극적인 목표를 모른다.					
5. 좋은 관리자를 찾아보기 힘들다.					
6. 혼자 해야만 일을 제대로 처리할 수 있다고 생각하는 직원들이 많다.					
7. 회의는 시간 낭비라고 생각하는 직원들이 많다.					
8. 계획을 세우는 경우가 드물며, 세운다 해도 사후 관리가 안 되어 방치되는 경우가 많다.					
9. 회사 내에서의 자리에 불안을 느끼는 직원들이 많다.					
10. 매출은 계속해서 증가하는데, 이윤은 그것을 따라가지 못한다.					
(1) 위의 각 항목마다 O 표시한 숫자를 더한다.					
(2) 기본배점 5 / 4 / 3 / 2 / 1	5	4	3	2	1
(3) = (1)x(2). (1)의 항목의 수와 (2)의 기본배점을 곱한 값을 표기한다.					
(4) 합계 : (3)의 모든 칼럼의 수를 더한 값					

출처 : 에릭 플램홀츠, 이본 랜드,《기업 성장을 방해하는 10가지 증상》, 매일경제신문사, 2002.

[표 2-1] 성장통 자가진단 체크 리스트

점수 범위	해석
10~14	조직이 건강하고 현 발전 단계에서 모든 것이 만족스러운 수준이다.
15~19	조직이 건강한 편이지만 몇 가지 염려스러운 부분도 있다.
20~29	신경 써야 할 문제가 꽤 있다. 더 심화되는 것을 방지하기 위한 조치가 필요하다.
30~39	현재의 문제점을 고치기 위한 즉각적인 조치가 시급하다.
40~50	잠재적인 도산 위기에 처해 있어 결단이 필요한 상황이다.

＊성장통을 겪는 회사의 평균 : 27점~29점

[표 2-2] 기업 성장통 진단 결과 해석

27~29점이다. 만약 20점이 넘는다면 문제점을 심층 분석하여 대책을
마련해야 한다.

성장통을 예방하는 유일한 방법은 앞으로의 상황을 예측하고 대비
하는 것이다. 하지만 이 시기 기업들 역시 대부분 제품 개발과 판매에
집중하기 때문에 사전에 적절히 대처하지 못하는 경우가 많다. 설령 내
부 시스템을 개편해야 한다는 필요성을 인식하더라도 지금과 같은 성
장세는 유지하면서 시스템도 갖추길 원한다. 하지만 성장통 증세가 나
타나면 반드시 성장 속도를 줄이고 규모에 맞는 시스템을 구축하는 것
이 먼저다.

규모에 따른
경영관리 시스템 구축

그러면 기업의 성장 규모에 따라 어떤 시스템을 갖
추어야 할까?[12] 초기 성장기에 들어선 기업 즉, 제조업 기준으로 연간
매출액이 약 10~100억 원(서비스업의 경우 3~33억 원) 정도 되는 기업들
은 자원을 확보하고 운영 시스템을 개발하는 데 주력해야 한다. 여기
서 자원이란 성장에 필요한 재정 자원과 기술 자원, 인적 자원을 의미
한다. 다시 말해, 자금을 조달할 능력과 기술력을 갖추고 이를 수행할
인재 영입에 문제가 없도록 하는 것이다. 운영 시스템은 회사를 효과

적으로 운영하는 데 필요한 시스템으로, 회계, 생산 및 운송, 정보 시스템과 직원 교육 등 업무의 효율성을 높이는 인프라를 구축하는 것을 의미한다.

본격적인 성장기에 접어든 기업들, 제조업을 기준으로 연간 매출액이 100억 원(서비스업 기준 33억 원)을 넘어선 기업들은 성장 초기 단계처럼 단순히 임직원을 더 고용하거나 자금이나 장비들을 투입하는 것과는 다른 기업 내부에 질적인 변화가 있어야 한다. 좀 더 거시적인 관점에서 전문 경영관리 시스템을 구축해야 하는데, 이때 필요한 시스템은 크게 4가지다.

① 기획 시스템 : 기업은 비전과 전략계획을 수립하는 능력을 갖추고 구체적인 실행 계획과 예산을 편성해야 한다.

② 조직화 시스템 : 임직원 각자의 역할과 책임, 보고 관계를 공식화한 조직 체계를 갖추는 것을 의미한다.

③ 관리자 양성 시스템 : 다음 성장 단계를 대비해 경영진과 임직원의 능력을 극대화하기 위한 관리자 양성 프로그램을 구축해야 한다.

④ 성과관리 시스템 : 직원들의 목표 달성을 장려하기 위한 동기 부여 및 성과 평가, 보상 체계를 구축하는 것이다.

이 밖에도 기업의 업무를 통합 처리할 전사적자원관리 시스템ERP도 구축되어야 한다. 전사적자원관리 시스템이란 생산, 물류, 재무, 회계,

매출액 기준	핵심 과제	구체적 개발 과제
제조업:10억~100억 원 서비스업:3억~33억 원	자원 확보 능력	인적 자원, 재정 자원, 기술 자원
	운영 시스템 구축	회계 시스템, 생산 및 운송 시스템, 정보 시스템 직원의 채용과 교육
제조업:100억~1000억 원 서비스업:33억~330억 원	경영관리 시스템 구축	기획 시스템, 조직화 시스템, 관리자 양성 시스템, 성과관리 시스템, ERP

[표 2-3] 매출 규모에 따른 기업의 핵심 과제

영업, 재고 관리 등 회사의 모든 업무를 통합적으로 연계 관리하는 시스템으로, 전사적으로 정보를 공유하고 신속한 업무 처리를 도와주는 통합 경영관리 시스템을 의미한다. [표 2-3]은 매출액 기준으로 성장기를 두 단계로 나누어 각 단계마다 기업이 어떤 내부 시스템을 구축해야 하는지 정리한 것이다. 성장기 단계라 할지라도 매출액이 증가하고 기업의 규모가 커질수록 시스템이 세분화되고 복잡해지므로 표를 참고하여 기업 상황에 맞게 준비하는 것이 좋다.

재무제표를 샅샅이 꿰뚫어라

성장 초기 단계에서 운영 시스템을 구축할 때 특히 눈여겨보아야 할 것은 회계 시스템이다. 회계는 회사가 얼마나 건전하고 안정적으로 흘러가는지 한눈에 파악할 수 있는 중요한 요소다.

하지만 이 시기 회사들의 회계 시스템을 보면 대부분 단순히 세금 계산서나 법인세 등을 처리하는 세무 회계 수준에 머물러 있다. 원가 관리, 예산 통제를 다루는 관리 회계나 원가 회계 같은 체계적인 회계 시스템을 갖춘 곳이 드물다. 매출이 증가하면 수익이 더 많을 거라고 생각하기 쉽지만 엄밀하게 따지면 매출이 늘어난다고 이익이 증가하는 것은 아니다. 성장기에 접어들면 상품과 거래처가 많아지고 외부 환경에 따라 가격이 수시로 변동되는 등 거래 형태가 다양해지기 때문에 일관된 기준에 따라 의사결정을 내릴 만한 관리 회계 시스템이 필요하다.

자동차 부품을 생산하는 한 중소기업은 창업 후 10년간 매년 50~100%의 빠른 성장을 지속해 연간 매출액이 약 100억 원에 도달했다. 하지만 최근 몇 년간 회사의 회계 상황을 살펴보면 매출이 늘었음에도 현금 흐름은 나빠지고 있었다. 이 회사는 1년에 1회 결산을 하는데 그것만 가지고는 현금 흐름이 나빠지는 정확한 원인을 파악하기 어려웠다. 경영자는 회사 이익이 정확히 얼마나 남았는지, 밑졌다면 얼마나 밑졌는지, 남았다면 어떤 제품이나 어떤 부문에서 남았고 어떤 부문이 미흡한지 궁금했다. 이 회사의 상황을 세세하게 점검해보니 원가 계산이 잘못되어 상품 가격을 너무 낮게 책정한 것이 문제였다. 현금 흐름이 나빠진 이유는 소위 앞으로 남고 뒤로 밑지는 장사를 했기 때문이었다.

왜 이런 일이 일어났을까? 제품별 정확한 원가 및 부가가치 창출, 거래처별 매출과 수익에 대한 기여 등 원가 회계가 제대로 점검되지 않은 상황에서 매출액만 봤기 때문이다. 이런 잘못된 정보를 토대로 경영자가 끊임없이 의사결정을 한다면 기업은 업무량은 많은데 이익은 없는 혼란에 빠지게 된다. 그러므로 이 시기에 성장을 잘 이어가려면 경영 상태를 일목요연하게 나타낸 회계 정보와 함께 의사결정에 유용한 관리 회계 시스템을 구축해야 한다.

중소기업이 갑자기 커지면 망한다는 말이 있다. 이 말은 경영자가 경영지표나 재무관리 상태를 제대로 파악하지 못하고 있다는 말이기도 하다. 성장기 혼란을 극복하고 기업을 잘 운영하기 위해 이 시기에 경영자가 반드시 해야 할 일은 회사의 재무제표를 샅샅이 꿰뚫고 있는 것이다. 회계에서 기업의 건전성이나 안정성을 파악하는 지표인 자기자본 비율(총 자산 중 자기자본이 차지하는 비율로, 재무 구조의 건전성을 확인하는 지표다. 표준 비율 50%보다 높으면 자본이 부채보다 많고 50%보다 낮으면 부채가 더 많은 것으로 해석한다), 유동성 비율(기업의 현금 동원력을 가늠하는 지표로 재무 구조의 안정성을 측정한다), 단기유동성 비율(단기간에 현금화할 수 있는 자산이 단기간에 갚아야 하는 부채보다 얼마나 많은지 측정한다) 등도 파악하고 있어야 한다. 무리하게 사업을 확장하기보다 이 지표들을 토대로 기준을 세워 경영하는 것이 훨씬 효과적이고 현명한 방법이다.[13]

일본에서 가장 존경받는 3대 기업가이자 경영의 신으로 불리는 이나모리 가즈오는 "경영자는 경영지표가 의미하는 것을 손바닥 들여다보듯이 훤히 꿰고 있어야 회사를 지속적으로 키워나갈 수 있다"라고 말했다. 한국의 약 59만 개 기업 재무 정보를 기반으로 한 연구 결과를 보면 성장 단계에 있는 중소기업이 무리한 매출 성장을 추구하는 경우

기업 건전성을 저해하는 것으로 나타났다. 이 보고서에 따르면, 성장기 총 자산 증가율과 영업 이익 증가율이 높을수록 기업의 생존 가능성이 높아지는데 이것이 뒷받침되지 않은 상태에서 매출액 증가율만 급증하면 오히려 기업의 생존 가능성이 낮아진다.[14]

인재 개발은
성장과 발전의 원동력

규모가 좀 더 커진 본격 성장 단계에서 기업이 갖춰야 할 4대 시스템 중 경영자가 좀 더 중요하게 여겨야 할 것이 '인재 개발'이다. 초기 단계에서 인적 자원을 확보하는 것이 신규 인력을 채용하고 교육하는 차원이었다면, 본격 성장 단계에서는 이미 보유한 인적 자원의 역량을 끌어올려 개개인의 능력을 최대한 발휘할 수 있게 하는 것이다. 기업이 점점 더 확장하고 업무 진행 방식이 세분화되면 경영자가 단독으로 의사를 결정하는 방식은 한계에 부딪친다. 이때 경영자를 대신해 중간에서 업무의 일부를 통솔하고 관리하는 인재가 많다면 훨씬 효율적이고 체계적으로 일을 진행할 수 있다. 하지만 이런 유능한 관리자가 없다면 사업을 확장하는 데 많은 어려움을 겪을 수밖에 없다.

중소기업도 외부에서 유능한 관리자를 영입하거나 내부에서 직접 관리자를 육성하는 문제에 관심이 많다. 하지만 막상 시도하려고 하면 말처럼 쉽지가 않다. 중소기업 경영자들과 관리자 육성이나 인재 양성에 관해 이야기를 나누다 보면, "직원을 키워놓으면 다른 기업에서 다 빼 간다", "쓸 만한 직원들은 더 좋은 직장을 찾아 가버린다"라는 하소연을 종종 듣는다. 그러다 보니 경영자들이 "좋은 직원을 구하기 힘들고 좋은 직원을 키우는 것은 더 어려운 일"이라며 회의적인 태도를 보이는 것도 이해는 된다. 어떤 경영자는 "지난 1년간 매달 1번씩 외부 강사를 초청해 특강을 했는데 직원들에게 아무런 변화가 없어 중단했다"라며 불만을 내비쳤다. "직원을 키워놓으면 더 큰 곳으로 가려 하고, 아무것도 안 하자니 남아 있는 직원들은 1년짜리 경험을 10년 동안 반복하는 업무에만 숙달되고…." 이것이 대부분의 중소기업이 처한 현실이다.

하지만 다시 생각해보면 일회성 프로그램으로 직원들에게 눈에 띄는 변화를 기대하는 것부터가 무리다. 사람을 키우는 것은 기업을 키우는 일만큼 오랜 시간이 필요한 일이다. 단발성 프로그램들만 해보고 "간부들의 의식 수준이 직원들의 수준과 별 차이가 없다", "시켜도 잘 못한다"라며 그만두는 것은 섣부른 판단이다. 장기적인 관점에서 체계적인 직원 훈련 프로그램을 기획하고 지속적으로 투자해야 한다. 이때 경영자는 기업 내부에서 중간 관리자를 배출하지 못하는 문제를 놓고 '더 좋은 곳으로 가려는 직원' 탓만 할 게 아니라 내부 프로그램에 부족한 것은 없었는지 스스로 문제를 점검해보고 개선하려고 노력해야 한다.

다들 경기가 어렵다고 하는 데도 잘나가는 기업들이 있다. 이들의 공통점은 꾸준히 '직원 교육에 힘쓴다'는 것이다. 어떤 기업은 직원들의 전문성 개발을 독려한다고 다양한 교육 기관에 보내 직무 교육 훈련을 받게 한다. 또 외부 강사를 초청하되, 매주 1~2시간씩 1년간 꾸준히 진행해 직원 교육이 단발성으로 끝나지 않게 한다. 어떤 중소기업은 매주 월요일 8시부터 10시까지 2시간씩 직원들이 돌아가며 자신의 업무를 소개하고 업무 개선 방안을 제안하는 시간을 갖는다. 처음부터 잘 된 것은 아니었지만 꾸준히 하자 직원들이 서로 어떤 일을 하고 어떤 고민을 하며 어떻게 서로 협력해야 하는지 알게 되었다. 이는 부서 간 협력과 직원 간 관계 개선이라는 긍정적인 효과를 불러일으켰다.

한 연구 결과에 따르면[15] 직원의 지속적인 학습과 훈련은 업무 몰입도와 효율을 높이고 이직률을 낮춘다. 하지만 대부분의 기업들은 경기가 나빠지면 가장 먼저 교육 예산부터 삭감한다. 경영자들은 기업의 장기적인 성장과 발전의 동력이 임직원의 능력 개발에서 비롯된다는 것을 명심해야 한다. [표 2-4]는 직원이 100명 조금 넘는 중소기업의 임직원 교육 체계다. 이 기업은 다들 경제가 어렵다고 하는 상황에도 최근 10년간 매년 20~30% 정도 꾸준한 성장세를 이어가고 있다. 회사에서 체계적인 교육이 시행되고 나서 직원들의 일에 대한 태도나 일 처리 능력이 향상되고, 업무의 위임이 원활해짐으로써 성과로 이어지고 있는 것이다.

창업한 지 30년, 대부분의 중소·중견기업의 매출 성장세가 10% 이상 하락할 때 매년 2자리 수 성장세를 보이며 연매출 1조 원을 기록한 기업이 있다. 이 중견기업의 경영자는 직원 교육에 대해 남다른 철학

구분	계층별 교육	직무 교육	공통 교육			
			조직 문화	커뮤니케이션 및 팀 빌딩	변화와 혁신	독서 학습
고급관리자	고급관리자 과정	직무 전문가 과정	조직 문화	커뮤니케이션 및 팀 빌딩	변화와 혁신	독서 학습
	전략계획 수립	직무별 전문가 과정				
	전략적 의사결정					
	리더십					
	코칭 스킬					
중간관리자	중간관리자 개발	직무 역량 강화 과정				
	전략적 의사결정	직무별 역향 향상 과정				
	코칭 스킬					
	회의 운영 기법					
	리더십과 팔로워십					
하급관리자	하급관리자 사원 과정	직무 과정				
	커뮤니케이션 향상	직무별 기본 교육 과정				
	CS 기본 과정					
	기획력 개발 과정					
	창의력 향상 과정					
	신입사원 과정					
	신입사원 예절 교육					
	신입사원 문서작성 교육					

[표 2-4] 한 중소기업의 임직원 교육 체계

을 가지고 있는데, "중소기업에서는 1류 직원을 고용할 수 없으니 2류 직원을 뽑아 1류로 성장시켜야만 언젠가 우리도 1류 회사가 될 수 있다"라고 늘 말해왔다. 그는 창업 초기부터 직원 교육에 적극적으로 투자했다. 사내 관리자 양성 프로그램을 통해 간부들의 업무 능력과 리더십을 개발해왔고, 직원을 위한 사내외 학습 프로그램을 마련했다. 연구직 직원들은 석·박사 과정까지 지원해주었다. 이 회사의 연구소에서 일하는 박사급 연구원 중 30여 명이 이 제도의 수혜자들이다.

　물론 직원들이 더 좋은 직장을 찾아 떠난 경우도 많다. 그렇다고 해서 인재 양성을 멈추지는 않았다. 이제 회사 규모가 커져서 창업자가 직접 직원 채용에 관여하지는 않지만 퇴사하는 직원들과는 직접 대면 인터뷰를 한다. 직원들이 퇴사하는 이유나 고충을 듣고 해결할 수 있는 문제는 적극적으로 돕고 자신이 모르고 있었던 내부 문제들을 파악하여 꾸준히 개선하려고 노력한다. 그 덕분에 퇴직을 결심했던 사람들의 마음을 돌리고 이직률도 낮췄다. 이 회사의 경영자는 회사가 지금까지 성장할 수 있었던 이유를 임직원들의 역량 개발을 통해 직원과 기업이 성장할 수 있는 기회를 꾸준히 만들어낸 것이라 꼽았다.

　인적 자원을 확보하려고 할 때 경영자들이 간과해서는 안 될 것이 '직원들의 동기 부여'에 관한 부분이다. 직원들의 역량을 끌어올릴 만한 교육 프로그램을 마련하는 일도 중요하지만 그 직원들이 교육을 받고 성장하고 나서도 기업에 남아 있고 싶도록 동기 부여하는 일도 중요하다. 그러려면 체계적인 인사 관리, 즉 급여 인상과 승진에 관한 인사 평가나 성과관리 제도가 투명하고 공정한 기준에 따라 마련되어 있어야 한다. 외부에서 신규 경력 직원을 충원하든, 내부 직원을 승진시키든 직원들이 인사 관리 방식을 납득하지 못하고 불만을 갖기 시작하면 직원 교육의 효과는커녕 업무 분위기가 흐트러지고 회사의 이직률도 높아진다.

　어떤 회사는 직원이 200명이 넘는데도 불구하고 인사 평가와 성과

관리 제도가 마련되어 있지 않아 창업자와 일부 관리자들의 주관적 평가로 승진 및 급여 인상이 이루어졌다. 이렇게 되면 아무리 훌륭한 교육 프로그램이 갖춰져 있어도 누구도 회사에 남아 있으려고 하지 않을 것이다. 따라서 이 시점에는 체계적인 인재 개발 프로그램 못지않게 공식적이고 전문화된 인사 관리 시스템도 함께 마련해야 한다.

인적 자원만 제대로 개발하고 유지할 수 있어도 기업의 성장 가능성은 무궁무진해진다. 지금 당신의 회사는 어떤 상태인가? 직원을 어떻게 대하고 있는가? 다음은 실패한 경영자들의 재도전을 지원하는 '재기 힐링캠프'의 내용을 일부 발췌한 것이다. 인적 자원을 제대로 개발하지 못해 실패한 경영자들이 공통적으로 반성하는 부분이다. 중소기업 경영자라면 다음 항목을 통해 한 번쯤 자신을 점검해볼 필요가 있다.

실패한 사장님들이 직원들에게 갖는 10가지 후회[16]

1. 직원에게 칭찬은 인색하고 꾸중만 한 것
2. 말로는 가족이라고 말하며 실적만 챙긴 것
3. 급여를 주면 되었다고 생각하고 직원들의 존재를 중요하게 여기지 않은 것
4. 마음에서 우러나오는 말 한마디 안 하고 직원들을 건성으로 대한 것
5. 미팅이나 서로 대화하는 시간 등 소통이 부족했던 것
6. 일을 제대로 시키지는 못하고 직원들을 나무라며 직접 일한 것
7. 직원들의 사기충전을 위해 마땅히 해준 게 없는 것
8. 자신이 게을러 직원들에게만 너무 많이 맡긴 것
9. 교육과 학습 지원이 부족해 직원들을 성장시키지 못한 것
10. 하루하루 헤쳐 나가기 급급해 직원들에게 비전을 주지 못한 것

'창업자의 함정'에
갇히지 마라

기업이 성장기에 들어서면 규모가 폭발적으로 커지기도 한다. 성장통과 같은 혼란을 겪을 수도 있지만, 내부에 질적인 변화가 일어난다면 이 문제를 극복할 수 있다. 이때 창업자가 경계해야 할 것은 혼자 모든 것을 책임졌던 원맨 경영 방식에서 벗어나 전문 경영 기업으로 탈바꿈시키는 것이다. 그러나 생존기 때부터 크고 작은 성공과 어려움을 맛보며 버텨온 창업자가 경영 방식을 바꾸는 것은 쉽지 않은 일이다.

창업한 지 30년이 넘어 연매출 약 500억 원이 되는 한 제조업의 최 사장은 60대 중반이고 아들이 후계 수업을 받고 있다. 하지만 그는 매일 생산 현장에 가서 작업 지시를 하고, 주요 자재 구입부터 일상적인 소모품에 이르기까지 모든 입출금을 직접 관리한다. 게다가 제품 기획부터 포장 디자인까지 모든 일에 관여하며 회사 일을 하나에서 열까지 모두 챙긴다. 직원들이 제품에 관한 새로운 아이디어를 제시하더라도 여러 차례 수정 끝에 결국은 최 사장의 스타일로 바뀌는 것이 일상화되었다.

직원들 사이에는 최 사장의 눈에 벗어나지 않는 범위 내에서 시키는 일만 잘하자는 보신주의가 팽배해 있고, 임원들은 사소한 일에서 큰 문제까지 수시로 최 사장에게 직접 보고한다. 이 회사의 한 직원은 "우리는 소모품 하나까지 사전에 승인을 받아야 합니다"라며 일을 효율적으로 하기 위해서는 위임 문제가 가장 시급하다고 했다. 임직원들은 어떤 문제가 생기면 최 사장의 지시만 기다릴 뿐 아무도 책임지고 일을 처리하려 하지 않았다.

창업 초기부터 성장기에 이르는 동안 대부분의 창업자들은 자신이 직접 시장을 예측하고, 제품 생산과 판매, 자금조달, 재무관리, 임직원 선발까지 모든 부분을 책임지는 원맨 경영을 한다. 하지만 기업의 규모가 커짐에도 불구하고 너무 작은 일까지 직접 챙기다 보면 장기적 사업 방향과 같은 핵심 업무에 집중하지 못하게 되어 성장의 한계에 부딪친다. 이처럼 성장에도 불구하고 창업자가 여전히 모든 일에 관여하고 통제하는 것을 '창업자의 함정'이라고 한다.[17]

'창업자의 함정'에 갇힌 사람들은 자신이 회사이며 회사가 곧 자신이라고 생각한다. 의도하지 않았더라도 결국에는 자신이 없으면 회사가 돌아가지 못하는 상황으로 만들어놓는다. 만약 어떤 회사가 창업자의 함정에 갇혔다면 그것은 창업자의 사망과 함께 기업이 문을 닫을 수 있다는 의미다. 실제로도 중소기업 창업자들 중 "내가 죽으면 회사가 잘 굴러갈 수 있을지 모르겠다"라고 걱정하는 사람들이 적지 않다. 후계자나 임원들이 자신을 대신할 만큼 역량을 갖추지 못했다고 생각하기 때문이다. 만약 당신도 그런 생각을 가지고 있다면, 후계자나 임직원을 걱정하기보다는 자신의 리더십과 경영 방식을 돌아보라.

만약 이런 상태에서 승계가 이루어진다면 '창업자의 함정'은 '가족의 함정'으로 발전되어 회사뿐만 아니라 가족까지도 위험에 처할 수 있다. 그러므로 가업승계를 앞둔 경영자라면 후계자에게 위험을 떠넘기지 않는 전문적인 경영 체질로 만들어 승계를 해야 한다.

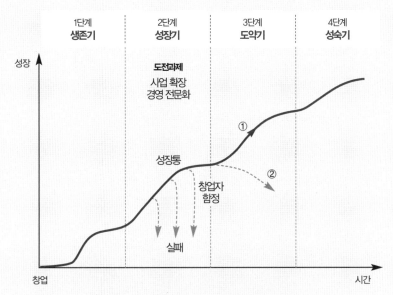

[그림 2-3] 기업의 라이프 사이클 2단계 : 성장기

기업 라이프 사이클 2단계 : 성장기

성장기 특징
- 제품과 사업 분야가 다양해진다.
- 회사의 규모가 커질수록 경영의 복잡도가 증가한다.
- 성장 속도가 관리 역량을 추월하는 경우 '성장통'을 겪는다.

기업의 도전과제
- 전략적으로 사업 확장을 꾀한다.
- 경영자의 역할이 더욱 전문적으로 진화되어야 한다.
- 기업의 성장 속도와 내부 관리 역량의 균형을 맞추어야 한다.
- 사업 확장 및 내부 관리 역량을 잘 구축하는 경우 ①로, 창업자 함정에 빠지는 경우 ②로 향하게 된다.

경영자의 역할
- 책임과 권한을 위임할 수 있도록 중간관리자 양성에 힘쓴다.
- 성장 단계별 운영 시스템과 경영관리 시스템을 구축하여 경영을 전문화한다.

삼진어묵 :
자녀가 최고의 자원이다

부산역에 가면 어느 가게 앞에 하루 종일 사람들이 줄 서 있는 모습을 볼 수 있다. 바로 '삼진어묵'이다. 사람들이 이 가게 어묵만 찾는 대표적인 이유는 어묵에 대한 이미지 고급화 전략이 통해서다. 길거리 음식이란 이미지가 강했던 어묵을 고급스럽고 건강한 음식으로 탈바꿈시켰으며, 매장 인테리어도 고급 베이커리를 연상시키도록 바꿔 '어묵 베이커리'라는 새로운 카테고리를 만들어냈다. 그 중심에는 삼진어묵의 3대 후계자인 박용준 대표가 있다.[18]

이 기업의 창업주는 박 대표의 할아버지다. 그는 1940년대 일본에 징용된 뒤 해방 후 홋카이도에서 어묵 기술을 배워 돌아와 1953년 전쟁 통에 부산에서 삼진어묵 공장을 열었다. 이것이 전통 부산 어묵의 효시다. 박 대표는 어린 시절 어묵 공장의 비릿한 냄새를 좋아하지 않았다. 이후 미국에 유학을 가서 회계학을 전공한 그의 꿈은 그곳에서 회계사가 되는 것이었다. 그런데 그가 대학을 졸업하고 한 회사에 취직해 일하고 있던 2010년, 그의 부친이 건강 문제로 쓰러졌다. 그는 어머니의 간곡한 설득으로 가업인 어묵 공장을 물려받기로 결심하고 어묵 사업에 본격적으로 뛰어들었다.

그는 전 세계의 유명한 음식과 식당들이 모여 있는 뉴욕에서 생활하며 보고 느낀 것을 어묵 사업에 쏟아부었다. 먼저 어묵은 지저분하고 비린내 난다는 고정 관념을 깨고자 생산 공장을 제약 공장처럼 청결하고 깨끗하게 바꾸어놓았다. 그리고 매장을 카페나 고급 베이커리처럼 고급스럽게 탈바꿈시켜 그 자리에서 바로 먹을 수 있게 했다. 이 회사에서 일어난 가장 혁신적인 변화는 제품의 다양화인데, 기존에 10가지에 불과하던 어묵의 가짓수를 60가지 이상으로 늘렸다. 이런 변화에 고객이 구름처럼 몰려들었다. 국내 최초로 어묵 베이커리 매장이 성공하면서 유명 백화점을 포함해 전국으로 매장을 확대했으며 일본, 싱가포르, 미국 등 해외 시장에도 성공적으로 진출했다.

그가 가업을 물려받을 당시 회사는 창업한 지 57년이 지났고 연매출액은 약 30억 원 정도에 불과했다. 그러나 4년 만에 300억 원을 돌파해 10배나 늘어나는 놀라운 기적을 만들었다. 그러고 나서 다시 3년 후 700억 원으로 성장하는 등 계속 폭발적인 성장세를 이어가고 있다.

우리나라 중소기업 오너의 자녀들은 박 대표처럼 외국어 실력과 국제 감각을 갖춘 경우가 많다. 그래서 중소기업 중에는 자녀의 가업승계 이후 한 단계 도약하는 경우가 많다. 쇠퇴기에 접어들었다 해도 만약 자녀가 기꺼이 사업을 맡아서 해보겠다는 의지가 있고, 창의력과 도전 정신이 있다면 충분히 성장 가능성이 높다. 신규 인력을 채용하고 그 직원들을 관리자로 키우는 것도 중요하지만, 승계를 염두에 둔 중소기업 입장에서 현실적으로 자녀보다 더 우수한 인적 자원을 구할 수는 없을 것이다. 경영자는 중소기업이 얻을 수 있는 최고의 인적 자원 중 하나가 '자녀'임을 잊어서는 안 될 것이다.

도약기:
조직은 하나로,
사업은 다양하게

기업 라이프 사이클의 3단계인 도약기에 이르면 기업은 중견기업 수준으로 한 단계 더 성장하게 된다. 제조업 기준으로 매출액이 1000억~1조 원에 이르거나 서비스업 기준으로 330억 원을 넘어선 기업이 이에 해당한다.[19] 이 시기에는 매출액뿐만 아니라 조직의 규모도 성장기와는 비교가 안 될 정도로 커지며 구성원도 많아지고 부서나 사업도 세분화된다. 성장기에 운영 및 정보 시스템을 잘 구축했다면 도약기에 이르렀을 땐 전문경영 기업이 되어 있을 것이다. 전문경영 기업은 사업 계획 수립부터 조직 통제, 상품 개발, 인재 양성 등 기업 운영에 필요한 모든 영역이 체계화되어 있다. 기업이 나아가고자 하는 목표가 뚜렷해지고 업무 진행과 평가 및 보상에 관한 원칙과 기준이 명확해지며 조직적 관리 시스템을 갖추게 된다. [표 2-5]는

	창업 초기 기업	전문경영 기업
수익	목표보다는 제품 판매 중 우연히 발생	수익에 대한 분명한 목표 존재
계획 수립	비공식적 주먹구구식 계획	공식적 절차에 따라 계획 수립 • 전략 계획 • 운영 계획 • 비상 계획
조직화	책임 범위가 불분명하며 비공식적 조직	역할 분담이 명확하고 공식적 조직
통제	부분적이고 임시적 통제가 이루어지나 공식적 평가도 드물게 쓰임	뚜렷한 목표를 제시하고, 평가와 보상을 통한 조직 통제
관리자 양성	일상 업무 중에 교육 병행	계획된 관리자 양성 프로그램 보유 • 필요한 내용을 파악하여 프로그램 설계
예산 편성	뚜렷한 원칙이 없으며 전용을 허용하지 않음	원칙이 있으며 경우에 따라 전용 허용
혁신	급격한 혁신주의 : 위험도 불사	점진적 혁신주의 : 예측 가능한 위험 수용
리더십	간섭형에서 자유분방형까지 천차만별	함께 의견을 나누거나 참여하는 스타일

[표 2-5] 창업 초기 기업과 전문경영 기업 비교

창업 초기와 전문경영 기업의 차이점을 요약한 것이다.[20]

물론 경영 시스템을 잘 구축했어도 조직의 규모가 커지면서 발생하는 고질적인 문제가 있다. 바로 '소통 불능'이다. 조직이 세분화될수록 의사를 전달하거나 결정하는 방식이 복잡해지는데, 이때 조직이 분열될 가능성이 높다. 창업 초기에는 경영자와 직원들이 업무를 하면서 접촉할 기회가 많기 때문에 창업자의 생각이나 신념, 목표 등을 자연스럽게 공유할 수 있다. 하지만 회사가 성장기에 접어들고 기업 규모가 조금씩 커지면 구성원들이 서로의 생각을 공유할 기회가 줄어든다. 도약기는 더 심각하다. 특히 이 시기는 비즈니스 포트폴리오가 확장되는 시기로, 직원들이 서로 동질감을 느끼기 어려울 수 있다.

사업 분야가 다양해지고 세분화되면 같은 회사에서 일하는 직원이라도 분야가 달라 서로에게 공감하기 힘들다. 가령 택시 한 대로 운수업을 시작한 회사가 성장기를 맞으면 택시가 수십 대에서 수백 대로 늘어나고, 도약기에 이르면 택시뿐만 아니라 관광버스, 화물차까지 취급한다. 이때 택시기사나 버스기사, 화물기사는 모두 같은 회사에 근무하고 있지만 서로 일하는 방식이나 취급하는 분야가 달라 상대의 일을 이해하기가 어렵다. 도약기에 발생하는 소통 불능 문제는 바로 이것이다. 임직원들은 자연스레 회사 전체의 이익보다는 부서의 이익에 집중하게 되고, 기업은 점점 비효율적인 조직으로 변하게 된다.

따라서 이 시기에는 구성원들의 결속력을 다지는 강력한 기업 문화가 필요하다. 기업 문화란 구성원 간의 공통된 가치관, 신념, 업무를 하면서 직원들이 지켜야 하는 행동 규범 등을 통해 구축된다. 기업 문화의 핵심은 기업이 지향하는 이념과 가치 체계를 정립하고, 이를 바탕으로 전체 조직을 한 방향으로 이끌어가는 것이다. 한마디로 응집력 있고 열정이 넘치는 공동체 의식이다. '우리 회사가 왜 존재하는가?', '우리는 사회에 어떻게 기여할 것인가?', '기업 경영의 원칙은 무엇인가?'를 구성원 전체가 명확하게 이해하고, 행동 양식으로 내재화하는 것이다. 기업 문화는 경영 성과에 결정적인 영향을 미치는 요인이며, 기업 정신의 근간이자 다른 기업과 차별화되는 핵심 요소다. 또한 경영자가 교체되더라도 조직이 흔들리지 않고 나아갈 수 있는 기준이 된다는 점에서 승계 관점에서도 매우 중요하다.

그래티튜드 경영으로
조직력을 강화한 네패스

매일 아침, 전 직원이 출근하면 노래 3곡을 부르고 일을 시작하는 회사가 있다. 28년 전 창업자 혼자 시작해 현재는 약 2000명의 임직원을 두고 연매출 약 4000억 원을 기록하고 있는 글로벌 히든 챔피언 기업인 '네패스'다. 창업자인 이병구 회장이 기업 운영에서 가장 중시하는 가치관은 '사람을 귀하게 여기며 관계를 중시하는 것'이다. 그는 저성장 시대에 회사가 살아남는 길은 '사람과 사람 사이의 원만한 관계', 즉 직원을 신뢰하고 고객을 소중하게 생각하는 것에서 비롯된다고 말한다.

이에 따라 네패스가 내세우는 가치는 '감사'다. '봉사하는 생활', '도전하는 자세', '감사하는 마음'을 바탕으로 '그래티튜드Gratitude' 경영 즉, '감사' 경영을 실현한다.[21] 또한 이 가치를 기업 문화로 정착시키기 위해 여러 가지 구체적인 행동 지침을 정했는데, 그중 하나가 매일 아침 음악 교실을 열어 노래 3곡을 부르는 것이고 다른 하나가 '3·3·7 라이프'다. '3·3·7 라이프'는 하루 3가지씩 좋은 일을 하고, 30분씩 책을 읽으며, 7가지에 감사하라는 뜻이다. 음악 교실은 매일 아침 5곳의 지역 본부에서 진행되는데, 참석률이 80%를 상회하고, '3·3·7 라이프'의 독서 토론 역시 매주 1회 90개의 그룹이 활동하는데 참여율이 80%가 넘는다.

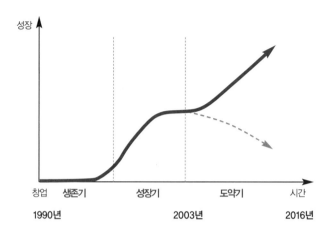

[그림 2-4] 네패스의 비즈니스 라이프 사이클

　이런 훈련이 정말 회사 경영과 업무에 도움이 될까? 이 회장은 감사하는 마음을 행동으로 옮길 때 생각이 맑아지고 마음이 단단해져 옳은 판단을 할 수 있고 동료를 신뢰하게 되어 결과적으로 기업 매출에도 긍정적인 영향을 미친다고 말한다. 동료를 아끼고 배려하는 법을 터득하면 협동심과 결속력, 업무의 효율성이 강화되고 이것이 결국 기업의 위기를 극복하는 원동력이 된다는 것이다.

　네패스의 비즈니스 라이프 사이클([그림 2-4])을 보면 실제 네패스는 1990년에 창업한 이후로 20년이 넘도록 꾸준한 성장 곡선을 그려왔다. IT 기업 대부분이 평균 15년을 주기로 성장세가 하락하거나 쇠퇴기에 접어드는데, 네패스의 경우를 보면 2003년 '감사' 경영 도입을 기점으로 다시 한 번 도약한다. 이 회장은 해외 유수 기업들의 기업 문화를 배우기 위해 직접 구글을 방문하는 수고를 아끼지 않았고 직원들이 일하기 좋은 회사를 만들기 위해 애써왔다. 그 결과 '감사'라는 가치를 자사의 기업 문화로 도입했고 2003년 '그래티튜드' 경영을 선포하고 나서 다양한 감사 훈련 과정을 꾸준히 시행해왔다.

네패스는 2003년 당시 연매출 600억 원 정도에 이르는 중소기업 규모였는데, 이후 꾸준히 성장하며 2014년에는 지속가능경영 우수 기업 선정, 2015년에는 월드클래스 300 기업 선정, 아시아·유럽미래학회 선정 글로벌 CEO 대상을 수상하는 등 대외적으로도 눈에 띄는 성과를 내며 글로벌 IT 핵심 소재 및 부품 기업으로 발돋움했다. 이 회장은 기업이 지속적으로 성장할 수 있었던 원동력이 '감사 경영' 즉, 감사라는 가치를 중심으로 구축된 강력한 기업 문화에 있다고 믿는다.

신규 사업보다
내부 역량 점검이 먼저

도약기에 조직 결속력을 강화시키는 문제와 더불어 중요한 것이 사업 다각화다. 다각화란 기업이 핵심 사업 이외의 다른 분야로 사업 범위를 확장시키는 전략을 말한다. 성장기에 제품 수요가 늘어나 생산 라인 확장에 주력했다면, 도약기에는 미래 사업을 염두에 두고 구체적인 사업 다각화 계획을 세워야 한다. 회사의 기존 제품이나 생산 라인이 성숙해지고 시장이 포화되면서 지금까지의 방법으로는 더 이상 동일한 성장률을 유지할 수 없기 때문이다. 다각화 전략을 결정할 때 경영자가 고려해야 할 것은 현재의 사업을 기반으로 회사를 더 키울 것인가, 신사업을 통해 새로운 성장 동력을 찾을 것인가이다. 어느 쪽을 택하든 본질은 경영 성과를 지속적으로 유지하는 데 있다. 지나치게 외적인 성장만 추구하다보면 유동성 문제로 실패할 확률이 높기 때문에 기업의 상황에 따라 신중하게 선택하는 것이 중요하다. 중요한 것은 기업의 비전, 내부 자원과 핵심 역량, 외부의 기회와 위험 요인을 잘 파악해 기업에 가장 적합한 전략을 결정하는 것이다.[22]

다각화에는 크게 2가지 전략이 있다.

① 현재 기업의 사업 분야와 연관된 다른 제품이나 사업을 개발하는 '관련 다각화' 전략(핵심 사업을 중심으로 한 가지 분야에서만 사업을 확장하는 '전문화'나 '한 우물 경영'이 비슷한 개념이다).

② M&A나 신규 투자를 통해 현재 사업과 관련 없는 분야로 사업을 확장하는 '비관련 다각화' 전략.

'관련 다각화'는 기존 상품의 라인업을 확장하는 전략이다. 대표적인 예로 아마존을 들 수 있다. 온라인 서점으로 유명한 이 기업은 책 외에도 음반, 비디오, 의류, 식품 등 다양한 물품을 판매하면서 온라인 서점에서 온라인 유통 기업으로 사업을 확장했다. 기업의 핵심 역량, 즉 책을 판매하면서 축적된 유통 채널의 강점을 적극적으로 이용한 것이다. 카메라 브랜드로 잘 알려진 캐논이 핵심 기술인 광학과 정밀 기술을 발전시켜 초기 사업인 현미경에서 복사기, 프린트 등의 사무용 기기로 사업을 확장한 것도 같은 전략이다. 한국의 대표적인 화장품 기업인 아모레퍼시픽이 여러 분야의 사업을 정리하고 화장품 사업에만 집중해 브랜드를 확장시킨 것도 이와 같다. 관련 다각화 전략의 핵심은 기업의 핵심 역량이 무엇인지 파악하고 이를 최대한 활용할 수 있는 범위 안에서 사업을 확장시키는 것이다. 그래야 한정된 자원이 핵심 사업에 집중되고 경쟁력을 강화시켜 성공할 확률도 높아진다. 자금력과 인력이 제한된 중소·중견기업의 경우, 자원을 한곳으로 집중시키는 관련 다각화 전략을 선택해 성공한 경우가 많다.

'비관련 다각화'는 새로운 산업에 진출하는 것으로, 미래의 성장 동력이 될 만한 신규 사업을 발굴하는 전략이다. 가령 현재 핵심 산업이 한계에 다다라 성장 동력을 잃었을 경우 이 전략을 선택할 수 있다. 또한 빠른 성장을 원하는 경우에도 이 전략을 선택하는데, 대부분 M&A나 신사업에 대한 투자를 통해 이루어진다. 이 전략의 장점은 서로 다른 영역의 산업에 진출하기 때문에 경기 변화에 따른 리스크를 분산할 수 있다는 것이다. 반면 제한된 자원을 여러 산업에 분산 투자하는 것이므로 핵심 사업의 경쟁력이 약화되거나 계열사의 의존성이 심화되는 경우 동반 부실 가능성이 높아질 수 있다는 단점이 있다. 비관련 다각화는 과거 우리나라 대다수 대기업들의 성장 모델이었다. 당시 기업들은 가능한 모든 산업 분야에 뛰어들었고, 실제 성공 사례도 많다. 하지만 이는 기업의 역량만으로 이뤄낸 성과라기보다는 내수 보호 정책과 같은 정부의 적극적인 지원도 한몫했다. 지금은 과거와 달리 시장이 개방되고 경제 상황도 많이 변했기 때문에 비관련 다각화 전략의 성공 확률은 상당히 낮아졌다.

수많은 기업의 경영자문을 맡아온 서울대학교 경영대학 송재용 교수는 "전문화나 다각화 갈등은 승계 과정에서 많이 발생한다"라며, "지금 같은 저성장 시대엔 기존 사업을 좀 더 잘하는 게 우선이고, 여력이 된다면 다각화를 고려해볼 것"으로 제안했다. 단, "사업 관련성이 있는 부분으로 다각화해야 하며 M&A도 잘 활용할 필요가 있다"라고 조언했다. 특히 결정하기 전에 새로운 시장의 매력도나 트렌드보다는 내부 역량에 대한 냉정하고도 객관적인 분석이 먼저다.

다각화에 앞서 기업은 어디서 새로운 성장 동력을 찾아야 할까? 성장 동력을 찾는 핵심 키워드는 2가지다. 하나는 '글로벌 시장 확대'고 또 다른 하나는 '혁신을 통한 차별화'다.[23] 기업이 다각화에 따른 리스크를 줄이려면 회사 역량의 70%는 주력 사업에 두고, 나머지 30%를 가지고 새로운 시장에 투자하는 것이 바람직하다. 역량 배분을 토대로 사업을 확장시켜야 대를 이어 생존하는 기업의 틀을 마련할 수 있다. 다각화의 목적은 기업의 외적 성장이 아니다. 신규 사업을 추진함으로써 미래 수익을 증가시키는 것이다.

전지전능한 기업가는 없다

한때 잘나가던 기업들이 갑자기 부도가 나거나 매각되는 경우가 있다. 특히 성장기나 도약기에 이르러 성공을 맛본 뒤에 이런 일이 더 자주 일어난다. 왜냐하면 경영자들 대부분이 창업 초기에 겪었던 성공 경험에 취해 기업을 운영하기 때문이다. 예컨대 임직원이 지적하는 위험이나 리스크 가능성은 부인하고 자신의 과거 성공 방식만 답습함으로써 기업 운영에 실패하는 것이다. 1970~80년대 화학 섬유 산업에서 잘나가던 기업이 있었다. 이 기업은 1960년대 중반 화학 섬유와 직물류 사업을 주력으로 하여 급속히 사세를 확장했다. 1976년 기업을 공개하고, 1978년 수출 1억불 탑을 수상하는 등 직물 분야에서 선두를 차지했다.

이 기업의 주 전략은 원가 절감을 위해 대량생산 체제를 유지하는 것이었다. 생산 단가를 낮추려고 항상 주문량보다 많은 제품을 생산하는 방식이었다. 예를 들어 60만 야드(1yd=약 90cm) 주문이 들어오면 단가를 낮추려 최대로 생산할 수 있는 양인 100만 야드를 제조하고 40만 야드를 재고로 쌓아놓았다.

이 전략이 성공했던 것은 당시 이 기업이 시장을 독점하고 있었기 때문에 재고가 많아도 판매하는 데 전혀 문제가 없어서였다. 오히려 이 회사는 신제품을 개발하면 확보된 재고를 바탕으로 물량을 재빠르게 공급함으로써 시장을 선도했다. 그래서 재고가 부담이 아닌 자산이라고 생각해왔다. 하지만 1990년대 접어들면서 중국이 저가 상품으로 물량 공세를 펼치자 시장 상황이 급속도로 변했다.

이 기업의 창업자는 기존 전략을 고수하고자 생산 시설을 중국으로 확장했다. 중국과의 가격 경쟁에서 이기기 위해 생산량을 더 늘렸고 재고 역시 이와 비례했다. 하지만 시간이 지날수록 운전자금 부족 현상이 심해졌고, 재고는 팔리지 않은 채 계속 누적되었다. 어느 순간 재고가 기업이 부담해야 할 엄청난 비용으로 전환되었고 재무 부분에서 위기 신호가 나타났다. 임원들은 창업자를 찾아가 회사가 처한 상황을 보고했지만, 그는 "당신들이 몰라서 그래. 내가 그동안 해왔던 게 항상 맞지 않았는가?"하며 경영 방식을 바꾸지 않았다.

결국 부실은 걷잡을 수 없을 정도로 커졌고 계열사까지 위기 상황을 맞게 되었다. 임원들은 자회사들까지 부실해질 것을 염려해 최고경영자에게 모회사의 청산을 제안했다. 하지만 그는 자신의 분신과도 같은 모회사를 청산할 수 없다며 결정을 미루었다. 결국 시간을 지체하는 동안 유동성 부족 문제가 더 심각해져 이 회사는 1998년 워크아웃을 신청했다. 이후 기업 개선 작업 약정을 체결하고 계열사를 흡수 합병하는 등 섬유 종합 기업으로 재출범하려고 노력했지만 완전 자본 잠식으로 2002년 상장이 폐지되었고 2008년 2월 헐값에 매각되었다. 창업하고 43년이 지난 뒤였다.

창업자들이 과거 경영 방식만을 고집하며 무리하게 회사를 키우려다가 자금 경색으로 실패하는 현상을 '전능全能 신드롬Omnipotence

Syndrome'이라고 한다.[24] 또한 창업자 통제할 수 없을 정도로 비즈니스 규모가 성장하는데 권한을 위임하지 못해 실패하는 현상을 '전지全智신 드롬Omniscience Syndrome'이라고 한다. 흔히 경영자가 독단적으로 경영하는 '황제 경영'이 이에 해당한다.

영국의 역사학자 아놀드 토인비는 "역사적 실패의 절반은 찬란했던 시절에 대한 기억에서 시작되었다"라고 했다. 그는 과거의 성공 경험을 과신해 자신의 능력이나 과거의 방법을 절대적 진리로 착각해 실패하는 것을 '휴브리스Hubris'로 규정했다. 주변 사람들의 생각이나 세상의 가치를 무시한 채 자신의 과거 방식만을 고집하다 창의성을 잃고 실패하는 사람이 '휴브리스'다.

성공했다가 망한 기업을 연구한 다트머스 대학의 터크 경영대학원 교수 시드니 핀켈스타인 역시 《실패에서 배우는 성공의 법칙》에서 공통점이 전혀 없는 회사들이 하나같이 똑같은 이유로 실패했다는 놀라운 사실을 지적한다. 그가 제시하는 '실패를 부르는 경영자의 7가지 습관'을 보면 '휴브리스'와 관련된 것이 대부분이다.[25]

실패를 부르는 경영자의 7가지 습관
1. 자신과 기업이 환경을 지배한다고 생각한다.
2. 기업과 자신을 동일하게 생각해 개인과 기업의 이익 사이에 명확한 경계가 없다.
3. 모든 해답은 자신이 쥐고 있다고 생각한다.
4. 자신을 지지하지 않으면 무자비하게 제거한다.
5. 기업 이미지에 사로잡힌 완벽한 대변인이다.

6. 중요한 장애물을 과소평가한다.

7. 과거에 성공했던 것을 고집한다.

창업자들이 30~40년간 사업을 했더라도 경험마저 시간에 비례하는 것은 아니다. 30년 경험이 10년 정도의 경험을 3번 반복하거나 15년 경험을 2번, 최악의 경우 2년짜리 경험을 15번 한 것일 수도 있다. 즉, 경영자가 이 시기에 가장 경계해야 할 것은 30년 동안 비즈니스를 성공적으로 이끌었으니 실질적으로 성공한 시간도 30년이라고 착각하는 것이다. 또한 이런 경영 방식을 고집해 얻게 되는 참담한 결과가 경영자 한 사람의 책임으로 끝나는 것이 아님을 깨달아야 한다. 자신의 자만이 회사를 어렵게 하고 나아가 승계 시점에 이르러서는 후계자인 자녀, 관리자, 직원 모두를 힘들게 할 수 있다는 사실을 알아야 한다.

도약기에 조직의 결속력을 강화하고 비즈니스를 확장하는 것만큼 중요한 것이 잘 키운 유능한 후계자나 중견 관리자에게 실질적인 권한을 위임하는 것이다. [그림 2-5]처럼 창업 초기에는 경영자의 적극적인 실행 능력이 중요하지만 기업이 점차 성장하기 시작하면 경영자의 실행 능력과 위임 능력이 균형을 이루는 것이 중요하다.[26] 특히 도약기를 기점으로 실행 능력과 위임 능력이 접점을 만드는데, 이 시기 이후에는 경영자의 위임 능력이 더 커져야 한다.

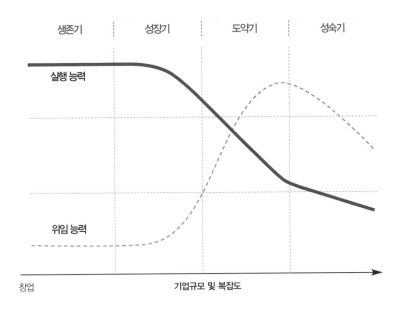

생존기　　　성장기　　　도약기　　　성숙기

실행 능력

위임 능력

창업　　　　　　　　기업규모 및 복잡도

[그림 2-5] 창업자의 실행 능력과 위임 능력을 나타내는 균형 곡선

답을 정해놓지 말고
의견을 구하라

　　　　　　　한 중견기업의 임원 회의에 참석한 적이 있다. 회장과 주요 관리자 10여 명이 참석한 자리였다. 회의는 각 본부별로 돌아가며 보고를 하는 형식이었는데, 한 사람이 10분 정도 말하고 나면 회장은 20~30분씩 이야기를 했다. 보고 내용에 대한 질문보다는 주로 잘못된 것을 지적하고, 훈계하듯 그동안 해왔던 이야기를 반복했다. 회

의 시간은 점점 길어졌지만 회의가 언제 끝날지 아무도 예측할 수가 없었다. 회장이 어떤 사안을 결정하거나 지시를 내리면 거기에 자신의 의견을 내는 사람은 하나도 없었고 모두 지시 내용을 메모하기에 바빴다. 이미 답은 정해져 있고 어떤 의견이나 제안도 소용이 없다는 것을 임원 모두 알고 있었기 때문이다.

《초한지》에 등장하는 항우와 유방의 이야기는 매우 유명하다. 초나라의 항우는 명문가의 후예로 힘도 세고, 카리스마도 넘치는 호걸이었다. 수천 명의 병사로 수십만 명의 적들을 격퇴하는 등 100번 싸우면 99번을 이길 정도로 용병술 또한 훌륭했다. 이에 맞선 한나라의 유방은 보잘것없는 농사꾼의 자식으로, 힘도 없고 뛰어난 전략도 없었다. 배경만 놓고 보면 중국을 통일할 인물은 당연히 항우였다. 하지만 오랜 전쟁 끝에 중국을 통일한 사람은 유방이었다.

항우에게는 범종이라는 책사가 있었다. 그는 훌륭한 전략을 많이 알고 있는 지략가였지만, 항우에게는 그것들이 잘 받아들여지지 않았다. 항우 스스로 전쟁에서 승리한 경험이 많았기 때문에 다른 이의 의견은 잘 듣지 않았던 것이다. 항우는 늘 부하들에게 "하여何如(어떠한가?)라고 물었다. 이 말은 '내 결정이 어떠한가?'라는 뜻으로, 요즘 말로 '답은 정해져 있으니 너는 대답만 하라'였다. 그만큼 항우는 독선적이었고 참모들은 항우 앞에서 기탄없이 의견을 내놓기 어려웠다. 그가 "아부亞父"(아버지에 버금가는 존재)라고 불렀던 범종마저 결정적인 순간에는 말을 아꼈다.

반면 학문도 부족하고 전쟁에서도 서툴렀던 유방은 곤경에 처하거나 결단의 순간이 오면 항상 참모들을 불러놓고 "여하如何"(어떻게 하지?)라고 물었다. 이 말은 '그대 의견은 어떠한가?'라는 뜻으로 상대방의 의견에 귀를 기울이겠다는 것이었다.

　유방에게는 항우에게 없는 경청하는 능력이 있었다. 그는 자신의 권위나 자존심을 앞세우기보다 사람들의 얘기를 먼저 듣고 옳으면 포상을 했다. 이런 행동의 바탕에는 부하들의 만류에도 불구하고 자신의 뜻대로 했다가 전쟁에서 실패한 경험이 있었기 때문이다. 당시 그는 전쟁에서 패하고 돌아와 직언을 했던 사람들에게 사과하고 포상했다. "여하"를 호소하는 유방에게 참모들은 격의 없이 자신의 생각을 밝혔고, 유방은 경청하며 그들과 함께 가장 좋은 의견을 채택했다. 이 과정에서 한나라의 병사 수가 계속 늘었고, 유방이 지휘관들의 조언에 따라 초나라를 선제공격하며 승기를 잡았다. 단 한 번의 전투로 천하를 제패한 것이다.

　단 한 번의 승리로 천하를 얻은 유방, 단 한 번의 패배로 모든 것을 잃은 항우. 포용력과 지도력의 차이가 전쟁의 성패를 좌우한 것이다. 두 영웅의 가장 극명한 차이는 리더십이라 해도 무방할 것이다.[27] 유방의 리더십은 시대를 초월해 어느 경영자에게나 필요한 능력이다. 직원을 믿어주고 의견을 존중해주면 유능한 인재가 모이게 마련이고, 현장에 있는 사람들의 의견을 경청하고 겸허히 수용해야 실수를 줄이고 최상의 결과를 얻을 수 있다.

"회사는 경영자의 그릇 이상 커지지 않는다"라는 말이 있다. 여기서 말하는 그릇이 경영자의 리더십이다. 창업 초기에는 항우의 리더십이 적합할지라도 기업이 커질수록 유방의 리더십이 더 효과적이다. 즉, 관리자를 육성하고 그들에게 권한을 위임하는 능력 여하에 따라 회사가 더 성장할 것인지 멈출 것인지 판가름 날 것이다. '경청'하고 '여하'라고 질문하라. 이것은 전지전능 신드롬, 경영자의 휴브리스를 줄이는 처방전으로도 전혀 손색이 없다.

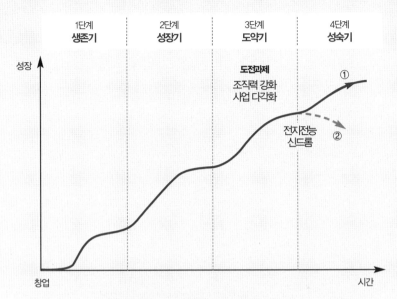

[그림 2-6] 기업 라이프 사이클 3단계 : 도약기

기업 라이프 사이클 3단계 : 도약기

도약기 특징
- 비즈니스의 포트폴리오가 확장되고 부서나 사업도 세분화된다.
- 조직 확대로 구성원 간의 결속이 약해지고 소통이 어려워진다.

기업의 도전과제
- 조직을 하나로 모으는 강력한 기업 문화를 구축해야 한다.
- 다각화 전략을 통해 지속적인 성장 기반을 마련해야 한다.
- 도약기의 도전과제를 잘 수행하면 ①처럼 성장세가 정점에 이르지만, 경영자가 자만에 휩싸여 '전지전능 신드롬'에 빠지거나 지속적인 성장 기반을 구축하지 못하면 ②처럼 쇠퇴기로 접어든다.

경영자의 역할
- 경영철학을 토대로 세대교체가 되어도 흔들리지 않는 기업 문화를 구축한다.
- 후계자 및 중견 관리자에게 실질적인 권한을 위임한다.
- 과거 성공 방정식에 집착하는 '전지전능 신드롬'을 경계해야 한다.

성숙기:
어떻게 한계 수명을
넘어설 것인가?

성숙기는 기업의 성장세가 최고조에 이른 시기다. 이 시기는 기업 상황에 따라 빠르게 올 수도, 더디게 올 수도 있다. 예를 들어, IT 업종처럼 변화가 빠른 산업은 창업하고 10~15년이 지나면 성숙기에 도달한다. 그러나 제조업의 경우는 창업하고 30~40년이 지나 성숙기에 접어들기도 한다. 성숙기는 반드시 도약기의 다음 단계는 아니다. 어떤 단계에서든 기업의 성장이 정체되면 성숙기에 접어든다. 중소기업 수준에 이른 성장기 단계에서 성숙기로 전환될 수도 있고, 중견기업으로 도약한 단계에서 맞닥뜨릴 수도 있다.

만일 한 기업이 성장기를 거쳐 도약기에 이르기까지 매 시기마다 필요한 경영 시스템을 잘 구축했다면, 성숙기에 이른 기업은 매출뿐만 아니라 조직도 가장 안정적일 것이다. 조직의 비전과 전략이 잘 정비되

성장하는 회사	노화되는 회사
1. 기꺼이 위험을 감수한다.	1. 가급적 위험은 회피한다.
2. 기대보다 성과가 낮다. (목표 높음)	2. 기대보다 성과가 높다. (목표 낮음)
3. 현금 유동성이 낮다. (적극적 투자)	3. 현금 유동성이 풍부하다. (보수적 투자)
4. 조직의 형식보다 기능을 강조한다.	4. 조직의 기능보다 형식을 강조한다.
5. '왜' 그리고 '무엇'에 중점을 둔다.	5. '어떻게, 누가 하는가?'에 중점을 둔다.
6. 개인 특성과 상관없이 조직에 대해 헌신한다.	6. 조직에 대한 헌신보다는 개인 특성에 중점을 둔다.
7. 명시적으로 금지하지 않는 한 모든 것을 허용한다.	7. 명시적으로 허용하지 않는 한 모든 것을 금지한다.
8. 문제를 기회로 인식한다.	8. 기회를 문제로 인식한다.
9. 마케팅과 영업 부문이 힘을 갖는다. (현장 중심)	9. 회계, 재무, 법무 부문이 힘을 갖는다. (관리 중심)
10. 일선에서 지휘와 통제가 이루어진다.	10. 본사에서 지휘와 통제가 이루어진다.
11. 책임은 있지만 권한이 없다.	11. 권한은 있지만 책임지려 하지 않는다.
12. 관리가 조직을 움직인다.	12. 조직이 관리를 움직인다.
13. 관리를 통해 새로운 동력을 제공한다.	13. 관리는 타성에 젖어 있다.
14. 리더십으로 조직의 행동 변화를 리드한다.	14. 조직을 변화시키려면 시스템의 변화가 필요하다.
15. 판매에 집중한다.	15. 이익에 집착한다.
16. 조직은 가치를 창출하기 위해 존재한다.	16. 사내 정치적으로 유리한 방향으로 의사결정한다.

출처 : Ichak Adizes, *Managing Corporate Lifecycles*, Adizes Institute, 2004.

[표 2-6] '우리 기업은 노화하고 있는가?' 자가진단 체크 리스트

어 있고 정보 시스템, 자원 배분과 보상제도 등이 균형을 이룬다. 또한 의사결정도 건설적인 환경에서 이루어질 것이다. 따라서 이 시기에 가장 경계해야 할 것이 현재에 안주하려는 태도다. 경영자는 기업이 안정적일수록 이 시기가 영구적일 것이라 착각하면 안 된다. 성숙기를 어떻게 보내느냐에 따라 기업은 재도약을 할 수도, 그대로 쇠퇴할 수도 있다. [표 2-6]은 조직이 성장 단계에 있는지 노화의 시작 단계에 있는

지 확인해보는 체크 리스트다. 양쪽 문항을 비교해보면서 현재 자신의 회사가 어느 쪽에 더 많이 해당되는지 점검해보라.

자신의 기업은 현재 어떤 상태인가? 이미 노화가 시작되고 있지는 않은가? 세계적인 경영 석학 짐 콜린스는 《위대한 기업은 다 어디로 갔을까》에서 한때 대단한 업적을 이루며 성공했던 기업들이 몰락하는 과정을 다음과 같이 3단계로 소개했다.[28] ① 과거에 성공했다고 자만하는 단계. 어떤 상황에 놓여도 자신과 기업은 반드시 성공할 것이라고 착각한다. 이 책의 성장기나 도약기에서 위기를 극복하고 성공해본 경험이 있는 경영자라면 누구나 겪을 수 있는 단계다. 앞서 소개한 휴브리스와도 관련이 있다. ② 원칙 없이 더 많은 욕심을 내는 단계. 경영자가 과거에 맛본 고속 성장에 도취되어 지나치게 목표를 높게 잡고 원칙 없이 새로운 기회를 추구한다. 이 책에서는 주로 도약기에서 지나친 신규 투자나 M&A를 추진하는 것이 이에 해당한다. 이때 현금 흐름이 취약해지면서 기업의 상황이 악화된다. ③ 위험과 위기 가능성을 부정하는 단계. 위험한 징조는 무시하고 좋은 징조는 확대 해석한다. 이 책의 경우 성숙기 초기 단계에서 높은 성과만 보고 회사에 문제가 없다고 생각하는 경우와 유사하다. 성숙기에는 조직이 타성에 젖기 쉬워 자칫하면 그대로 쇠퇴한다.

재도약을 꿈꾸는
경영자의 자세

기업이 성숙기에 이르면 대부분의 창업자들은 60~70대에 접어들게 된다. 그렇다 보니 창업 초기 청년 시절만큼 왕성하게 활동하기가 어렵다. 기업이 가장 안정되어 있기 때문에 경영자 입장에서는 현재 상태가 지속적으로 유지되기를 바란다. 앞서 말한 짐 콜린스의 '기업이 몰락하는 단계'가 시작된 셈이다. 이때 새로운 사업 추진이나 기업 혁신에 소홀한 채 현재 상황에 안주하면 자연스럽게 쇠퇴기에 접어들게 된다. 이것이 비즈니스 라이프 사이클을 연구한 학자들이 공통으로 말하는 비즈니스의 발전 단계다.

성숙기에 성장 곡선을 유지하며 재도약을 하려면 기업은 이미 성장기 때부터 새로운 제품 개발, 자회사 인수, 해외 시장 진출 등 끊임없이 새로운 도전을 해야 한다.[29] 장수 기업의 성공 비결 역시 이것이다. 환경 변화에 발맞춰 끊임없이 변신한 기업만이 쇠퇴하지 않고 재도약의 기회를 잡을 수 있다.

부산에 있는 대한제강은 창업하고 60년 동안 철근이라는 산업 분야에서 한 우물을 파면서도 끊임없이 구매자의 눈높이에 맞는 상품을 개발하며 변신을 거듭해왔다. 그 덕분에 제조업에서 역동적인 서비스업으로 변신할 수 있었다. 이 기업이 한계 수명을 넘어 지속적으로 성장할 수 있었던 비결은 바로 기술 혁신이다. 전 직원이 합심하여 끊임없

이 연구하고 시장을 선도한 것이 60년 넘게 성장해온 비결인 셈이다.[30]

창업한 지 30년이 넘은 NK라는 회사도 10년 넘게 한 가지 제품으로 세계 시장을 석권했다. 이 회사 역시 그동안 쌓아온 기술력 덕분에 살아남을 수 있었다. 그리고 주력 제품이 쇠퇴기에 들어서기 전에 신제품을 개발하여 새로운 시장을 선점했기 때문에 재도약할 수 있었다. 이 회사의 창업자인 박 회장은 제품의 문제점을 개선하는 과정에서 수많은 시행착오를 겪은 것이 기업의 재산이 되었다고 말한다. 특히 "제품에 혼을 싣고 정성을 다해 세상이 깜짝 놀랄 만한 물건을 만들어야 되겠다는 마음"이 큰 원동력이 되었다.[31]

이처럼 경영자가 어떤 준비를 하느냐에 따라 기업은 다시 한 번 성장의 길로 들어설 수도 쇠퇴기를 맞이할 수도 있다. 재도약을 꿈꾼다면, 잘나갈 때일수록 한발 앞서 다음을 위한 준비를 시작해야 한다.

지속 가능한 부를 창출하는 기업가 정신

안주하지 않고 끊임없이 도전하려면 기업가 정신이 필요하다. 기업가 정신은 새로운 사업이 야기할 수 있는 위험을 기꺼이 부담하고 어려운 환경을 헤쳐 나가며 기업을 키우겠다는 뚜렷한 의지다. 단기간 지속되고 마는 각오가 아니라 기업을 경영하는 기간 내내 기업 안에 뿌리내리고 지속되어야 하는 정신이기도 하다. 기업가 정신이 대를 이어 자리 잡을 때 기업은 지속적으로 생존할 수 있다.

기업가 정신은 미국의 경제학자인 조지프 슘페터가 강조한 것으로, "미래의 불확실성 속에서도 장래를 예측하고 변화를 모색하는 것이 기업가의 주요 임무"라고 말했다. 또한 기업가란 "훌륭한 내일을 창조하기 위해 오늘의 안정된 상태를 의도적이고 주체적으로 파괴하는 혁신가이자 창조적인 파괴자"라고 정의했다.[32] 그는 혁신가가 갖추어야 할 요소로 ① 신제품 개발, ② 새로운 생산 방법의 도입, ③ 신시장 개척, ④ 새로운 원료나 부품의 공급, ⑤ 새로운 조직의 형성, ⑥ 노동 생산성 향상 등을 꼽았다. 제품, 기술, 시장, 원료, 조직이라는 5가지 부문에서 끊임없이 새로운 것을 찾고 지속적으로 혁신하는 것이 기업가라는 것이다.

전통적인 의미의 기업가 정신은 미래를 예측할 수 있는 통찰력과 새로운 것에 과감히 도전하는 혁신적이고 창의적인 정신으로, 슘페터가 정의한 것과 크게 다르지 않다. 하지만 현대적 관점에서 보면 ① 고객 제일주의, ② 산업보국, ③ 인재 양성, ④ 공정한 경쟁, ⑤ 근로자 후생 복지, ⑥ 사회적 책임 의식까지 겸비해야 한다는 견해가 지배적이다. 《지식의 지배》를 쓴 레스터 서로우도 부를 창출하는 요소 중 기업가 정신을 으뜸으로 꼽았으며, 모험을 즐기고 변화에 신속히 대응하는 기업가 정신이 없다면 그 자체로 결코 부를 창출할 수 없다고 주장했다.[33] 결국 기업가 정신은 기업의 지속적 성장에 필요한 원동력으로 기

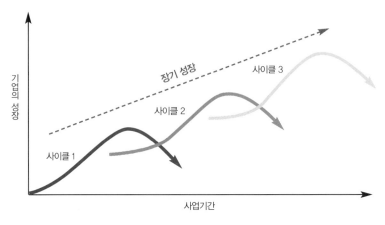

기업의 성장

장기 성장

사이클 3

사이클 2

사이클 1

사업기간

[그림 2-7] 기업의 장기 성장 모델

업의 성패를 좌우하는 핵심 요인이다.

기업이 장기적으로 생존하려면 경영자들은 이와 같은 기업가 정신을 바탕으로 기업 라이프 사이클의 매 성장 단계별로 요구되는 조직 내부의 변화에도 능동적으로 대처해야 한다. 결국 경영자의 역할은 생존기, 성장기, 도약기에 이르기까지 기업의 외부 환경 변화에 대응하는 동시에 내부의 변화를 이끄는 변화의 선봉장이 되는 것이다.

탁월한 기업가 정신을 바탕으로 외부 환경 변화에 대응하고 내부를 혁신해온 기업들은 [그림 2-7]처럼 기업 라이프 사이클을 계속 반복하면서 생존해나간다. 만일 100년 이상 생존한 기업이 있다면 기업의 라이프 사이클을 최소 3~5번 성공적으로 반복했다는 의미다. 또한 한 가족 안에서 승계가 이루어졌다면 100년 동안 3~4대에 걸쳐 모든 경영자들이 라이프 사이클의 매 단계를 성공적으로 거치며 혁신을 잘 수행해왔다는 뜻이다.

이는 제품의 라이프 사이클과도 맥을 같이한다. 하나의 제품이나 기술이 수명을 다하면 대체할 만한 제품이나 기술로 바꿔야 기업의 생존도 보장된다. 물론 새로운 제품이 나오기까지는 그것을 준비하는 인내의 시간이 필요하다. 결국 얼마나 앞서 투자하고 그 시간을 인내하느냐가 기업의 지속적인 성장과 실패를 좌우한다.

준비된 세대교체로
재도약의 발판을 마련하라

성숙기의 두드러진 특징 중 또 하나는 대부분의 기업들이 이 시기에 세대교체를 한다는 것이다. 이때 창업자들에게는 비슷한 바람이 있다. 자녀들이 맡아서 큰 욕심부리지 않고 지금과 같은 상태를 잘 유지해주기를 바라는 것. 그래서 어떤 창업자는 젊은 후계자에게 아무런 사업적 책임도 부여하지 않는다. 하지만 이것이 오히려 후계자의 진취적인 행보에 걸림돌이 되기도 한다. 한 중견기업에서는 후계자인 아들이 신사업을 추진하다 실패하자 마치 아들을 패배자 취급하며 이후 어떠한 권한도 부여하지 않고 관리 책임만 맡겨 갈등을 빚기도 했다. 단 한 번의 실패로 기업가로서 능력을 발휘할 기회를 박탈당한 것이다.

기업이 안주하고 성장이 정체되는 순간 기업은 쇠퇴의 길을 걷게 된다. 그러므로 경영자가 기업 운영만큼이나 신경 써야 할 일 중 하나가 체계적으로 후계자를 양성하고 기업가 정신을 심어주는 일이다. 세대교체 자체가 재도약의 발판이 되어줄 것이기 때문이다.

　한 경영자는 중소기업 규모일 때 가업승계를 해서 중견기업으로 회사를 키웠다. 이 회사는 1974년 수산물 가공업으로 창업했는데, 일본 수출을 하며 단계별로 성장했다. 후계자인 천 사장이 1990년대 중반 회사에 들어왔을 때, 회사는 창업한 지 20년이 넘어 이미 성숙기에 접어든 상태였다. 수익은 지속적으로 났지만 시장 경쟁이 치열했기에 천 사장은 미래에 대비하고자 일본 회사와 합작해 냉동식품 분야로 사업을 확장했다. 하지만 당시 직원들은 천 사장의 신사업에 별로 관심이 없었다. 그러던 중 1997년 IMF 사태가 터져 수산물을 가공·수출하던 주력 비즈니스가 쇠퇴기에 접어들면서 회사는 큰 타격을 받았다. 이때 일부 경쟁사들은 부도로 문을 닫거나 매각되었다. 외부 환경이 급격하게 변하자 그제야 위기감을 느낀 직원들은 후계자를 따라 냉동식품 사업에 사활을 걸었다. 다행히 미리 준비해놓은 덕에 회사는 다시 한 번 성장의 발판을 마련할 수 있었다.

　회사를 맡은 천 사장은 수많은 어려움을 극복하면서 냉동식품 사업을 정상 궤도에 올려놓았다. 동시에 경영 체계를 전문화하고 직원들의 역량 향상에도 힘을 쏟았다. 덕분에 기업은 중견기업으로 성장할 수 있었다. 그는 "회사가 잘나갈 때 새로운 것을 시작하기가 쉽지 않지만,

경영자라면 반드시 잘나갈 때 새로운 아이템을 발굴하고 다음을 준비해야 한다"라고 강조했다. "회사를 경영하면서 늘 위기가 있지만, 위기가 기회가 될 수 있다는 것을 그때 배웠다." 천 사장은 이런 경험을 통해 누구보다도 변화의 중요성을 잘 알고 있었다. 그래서 변화에 유연한 조직을 만들려고 노력한다. 그중 하나가 실수나 실패를 권장하는 문화다. 실패하더라도 끊임없이 도전해야 성장의 기회를 잡을 수 있다고 믿기 때문이다.

그는 직원들에게 일하는 방식이나 관리 시스템, 신제품 개발, 인사 관리 제도 등 모든 면에서 환경 변화에 맞게 계속 변화하라고 주문한다. 직원들과 함께 비전을 세우고, 3~5년 후 회사가 얼마나 성장하고 어떻게 변할지 가상의 조직도를 만들어 전 직원과 공유한다. 직원들은 미래의 조직도를 보면서 자신의 역할이 어떻게 발전하는지 예상해볼 수 있고, 회사는 직원들이 수행하게 될 미래 역할에 필요한 학습과 훈련을 지원한다. 덕분에 이 회사는 창업한 지 40년이 훌쩍 넘었지만, 재도약에 성공해 다시 한 번 성장기의 활력을 유지하고 있다.

은퇴를 앞둔 경영자의 3가지 선택지

일반적으로 은퇴를 앞둔 창업자에게 주어지는 선택지는 3가지다.[34] 첫째, 변화를 꾀하지 않고 현재에 안주하는 것이다.

그러면 기업은 쇠퇴기에 접어들어 결국 언젠가는 사라지게 되고, 자녀들은 얼마 남지 않은 재산을 현금화해 나누어 갖게 될 것이다.

둘째, 후계자가 없거나 기업을 재성장시킬 수 없다면 출구 전략을 세우는 것이다. 출구 전략이란 기업을 매각하거나 합병, 폐업, 상장시켜 기업을 현금화하고 기업에서 물러나 제2의 인생을 준비하는 것을 의미한다. 중소기업이 선택하는 가장 보편적인 출구 전략은 M&A다. 다만 이 전략을 염두에 뒀다면 장기적인 관점에서 준비하는 것이 중요하다. 쇠퇴기에 접어든 기업이나 기술력이 빠르게 진화해 산업의 라이프 사이클 자체가 짧은 IT 기업의 경우, 시기를 놓치면 기업의 가치가 급격하게 떨어져 매각하기 어렵다. 따라서 적기를 만났을 때 곧바로 출구 전략을 실행에 옮길 수 있도록 미리 준비해야 한다. 아무런 준비도 하지 않고 있다가 매각이 이루어지지 않은 채로 폐업하게 된다면, 함께 일했던 임직원들의 일자리까지 없애버리는 안타까운 일이 발생할 것이다.

한 중소기업의 창업자는 자녀들이 승계를 원치 않아 고민하던 중 중견기업 한 곳과 300억 원에 M&A를 추진할 기회가 생겼다. 중견기업은 중소기업의 비즈니스가 자신들의 사업과 합쳐지면 시너지를 발휘할 것이라 생각해 적극적이었지만 중소기업의 창업자가 의사결정을 미루는 바람에 거래가 성사되지 못했다. 그러고 나서 그 중소기업은 창업자의 건강 상태가 나빠지며 쇠퇴기를 맞았고 그로부터 4년이 지나 제 값보다 현저히 떨어진 70억 원에 매각되었다. 창업자의 건강 상태나

의지, 활동력 등을 감안하여 기업이 잘나갈 때나 적어도 쇠퇴기에 들어서기 전에 M&A를 검토해야 한다.

마지막 선택지는 후계자를 잘 훈련시켜 기업을 물려주는 것이다. 이 선택지를 원한다면 일찍부터 승계를 염두에 두고 후계자를 양성해야 한다. 후계자에게 창업 초기 위험을 감수하며 기업을 일궜던 보람과 자신의 경영철학, 창업이념 등을 알려주면서 이를 계승하게 하고, 후계자가 체계적이고 안정적으로 기업을 이어갈 수 있도록 미리 전문적인 경영 시스템을 구축하는 등 사전 준비를 철저하게 해야 한다.

이 책은 이 3가지 선택지 중 세 번째 해결책을 선택한 사람들에게 초점을 맞추었다. 세 번째 선택지를 쥔 경영자들에게 승계를 통해 기업이 대를 이어 성장하는 일보다 더 중요한 것은 없다. 후계자 육성은 다음 장에서 더 자세히 소개할 것이다.

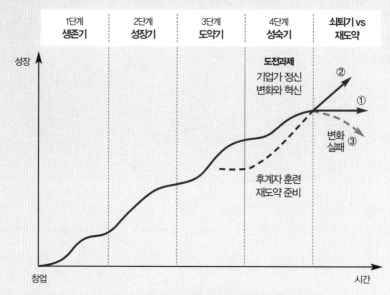

[그림 2-8] 기업의 라이프 사이클 4단계 : 성숙기

기업 라이프 사이클 4단계 : 성숙기

성숙기 특징
- 기업의 성장세가 최고조에 이른다.
- 고객 기반뿐 아니라 조직 내부도 가장 안정적인 상태이다.

기업의 도전과제
- 기업이 노화되지 않도록 기업가 정신을 유지해야 한다.
- 기업의 전략적 초점을 변화와 혁신에 맞춰야 한다.
- 세대교체를 재도약의 기회로 삼고 철저하게 준비한다.
- 은퇴를 앞둔 창업자들은 대부분 ①과 같이 현재와 같은 상태가 유지되길 바란다.
  하지만 변화하지 않고 안주하는 순간 ③처럼 기업은 쇠퇴기로 접어든다.
  반면, 세대교체를 체계적으로 잘 준비하는 경우 ②처럼 재도약의 기회로 삼을 수 있다.

경영자의 역할
- 대외적으로 변화를 이끄는 선봉장이 되어야 한다.
- 쇠퇴기로 접어들지 않고 재도약하기 위해서는 그래프의 아래 점선 같이 성장기나 도약기부터 선제적인 준비를 시작한다.

후대에 물려줄
경영철학이 있는가?

현재 가장 많은 장수 기업을 보유한 나라는 어디일까? 짐작했겠지만 일본이 단연 으뜸이다. 일본에는 100년 넘게 이어져온 기업만 약 5만여 개고, 200년이 넘은 기업은 3146개다.[35] 한국에도 두산(1896년), 동화약품(1897년), 우리은행(1899년), 성창기업지주(1916년) 등 100년을 이어온 기업들이 있지만 일본과 비교하면 그 수가 손에 꼽힐 정도로 미비하다. 왜 일본에는 유독 장수 기업이 많을까? 호세이 대학교의 혁신경영학과 구보타 쇼이치 교수는 2가지 이유를 들어 설명한다.

첫째, 창업자 후손들이 '가업 계승'와 '기업이념 실현'을 목표로 경영해왔기 때문이다. 일본의 장수 기업은 대기업의 비중이 약 4%이고 96%가 중소기업이며, 이 중 대부분은 가족기업이다. 후계자 역시 대개 창업자의 후손이거나 양자인 경우가 많다. 가족 구성원이 기업을 물려받다 보니 창업자의 경영철학과 기업이념을 자연스럽게 받아들이게 되고 이를 실현하려 노력하다 보니 장수 기업이 된다는 것이다.

둘째, '전통'과 '혁신'을 동시에 계승해왔기 때문이다. 여기서 전통이라는 것은 고객 제일주의, 품질 본위, 직원을 소중히 여기는 정신, 지역 사회 공헌 등 근본적인 가치를 말한다. 혁신은 시대와 고객의 니즈에 맞는 신상품이나 새로운 서비스 개발, 신시장 개척, 신사업 진출 등을 말한다.

이처럼 정신적 가치를 100년이 넘도록 지켜오면서 생산 기술, 시장, 상품 개발 같은 물리적, 기술적인 부분 역시 끊임없이 발전시킨 덕분에 기업이 지금껏 생존할 수 있었다는 것이다.[36] 결국 가족기업의 장수 비결은 기업의 근간이자 정신에 해당하는 창업자의 경영철학과 이를 바탕으로 끊임없이 도전하는 창업자의 행동력인 기업가 정신이 어떻게 꾸준히 후대로 대물림되어 발휘되느냐에 달려 있다. 피터 드러커도《피터 드러커, CEO의 8가지 덕목》에서 "정신이 없다면 경영과 기업은 존재하지 않을 것이다"라고 했다.

가족기업 3차원 시스템 중 '기업' 차원에서 승계를 준비하는 경영자가 가장 중요하게 챙겨야 할 것은 후계자가 경영자로서의 권한을 위임받아 기업을 운영할 때 어려움을 겪지 않도록 경영 기반을 닦아놓는 것이다. 앞서 소개한 기업 라이프 사이클에 따라 내부 시스템을 체계적으로 구축하는 것이 물리적 기반에 해당한다면, '경영철학'과 '기업이념'은 정신적 기반에 해당한다. 이는 창업자에게서 나오는데, 좀 더 구체적으로 정의하면 다음과 같다.

기업이념 : 창업자가 사업을 통해서 시장과 사회에 어떤 공헌을 하며 살아갈 것인가를 다짐하는 경영자의 생각으로, 기업의 사회적 존재 이유와 경영 활동의 방향을 결정하는 회사의 고유한 정신

경영철학 : 창업자가 가진 업에 대한 생각, 고객에 대한 생각, 직원에 대한 생각 등 경영 활동을 해나가는 데 적용하는 기본적인 사고방식으로 기업 경영의 기준이 되는 일련의 신념과 원칙

일본에서 가장 존경받는 경영자 중 한 명이자 '경영의 신'으로 불리는 마쓰시타 고노스케 회장은 작은 전기 회사였던 '마쓰시타 전기 제작소'를 세계적인 대기업 '파나소닉'으로 키운 일화로 명성이 드높다. 대한민국의 대기업인 삼성의 창업자 이병철 회장을 비롯해 제너럴일렉트릭의 최연소 최고경영자인 잭 웰치나 경영 전략의 최고 권위자 마이클 포터 교수 등 세계적으로 성공한 많은 경영 구루들이 그를 롤 모델로 삼았을 정도다. 그런 그조차도 1918년 기업을 설립하고 60년에 걸쳐 사업을 하는 동안 경영이념의 소중함을 절실히 느끼고, 《마쓰시타 고노스케, 위기를 기회로》에서 그 중요성을 다음과 같이 강조했다.

사업을 경영하는 데 기술, 판매, 자본, 인재 등은 모두 중요한 요소다. 하지만 무엇보다 가장 근본이 되는 요소는 바로 경영이념이다. 즉, '우리 회사는 무엇을 위해 존재하는가?' '경영의 목적은 무엇인가?' '어떻게 경영을 해야 하는가?'라는 물음에 대해 확고한 신념이 있어야 한다. 경영이념이 바로 서 있어야만 다른 경영 요소가 진정한 가치를 발휘할 수 있기 때문이다. 전후 혼란기에 사업을 하면서 너무 많은 시련이 있었다. 그때 내게 버팀목이 되어준 것은 생산업체로서의 사명감과 '무엇 때문에 경영을 하는가?' 하는 경영이념이었다. 우리 회사의 경영이념은 전쟁 전후를 막론하고 한결같다. 구체적인 경영 활동은 그때그때 환경에 맞춰 바뀌어왔지만 '공존공영共存共榮(함께 살며 함께 번영함)'이란 경영이념은 변함이 없었다. 이렇게 초지일관 한 가지 경영이념에 입각하여 경영해온 결과 사회의 지지를 받을 수 있었고, 오늘날처럼 발전할 수 있었다.[37]

마쓰시타 고노스케와 더불어 일본에서 '경영의 신'으로 불리는 교세라 그룹의 이나모리 가즈오 회장 역시 "경영철학이 없는 회사는 절대로 강자가 될 수 없다"라고 했다. 결국 여러 세대에 걸쳐 직원, 고객, 사회에 가치를 전하는 회사가 될지 한 세대에서 끝나고 말 회사가 될지는 창업자가 확고한 경영철학을 지녔는지, 이것을 어떻게 후계자에게 잘 승계하는지에 달렸다고 해도 과언이 아니다.

철학이 있는 경영자와
없는 경영자의 차이

그렇다면 대한민국의 경영자 중 자신의 경영철학이나 기업이념을 체계적으로 정립하고 있는 경영자는 얼마나 될까? 그동안 만나보았던 경영자들은 대개 3가지 유형으로 구분된다.

첫 번째 유형은 확고한 경영철학과 경영이념을 가지고 있으며, 이를 임직원과 공유해서 기업 문화로 발전시킨 경영자다. 그들은 오랜 세월 동안 자신의 일관된 신념에 따라 기업을 운영해오면서 구성원들과 함께 이를 조직 문화로 구축하려는 열의를 보인다. 이런 확고한 신념이 기업을 경영하는 데 바탕이 된다면 결과가 어떻든 직원들은 따르게 마련이다. 특히 이런 정신적인 결속은 세대교체 이후에도 흔들림 없이 기업을 성공적으로 이끌어준다.

창업하고 40년 동안 단 한 번의 구조조정이나 노사분규가 없었던 회사가 있다. 1973년 창업한 범우연합이다. 현재 전 직원은 약 800명이고 연매출 4000억 원에 이르는 중견기업이다. 건강만 허락한다면 60세가 넘어도 일할 수 있는 회사, 평범한 사람을 뽑아 인재로 키우는 회사, 직원들에게 주식의 21%를 증여한 회사, 그리고 불황에도 매년 20% 이상 성장하고 있는 회사다. 과연 이 회사의 창업자는 어떤 철학으로 기업을 운영해왔을까? 창업자인 김명원 회장은 1950년대 후반 서울공고에 재학 중일 때 학생 대표로 기업 경영을 배우고자 유한양행 창업자 유일한 박사를 찾은 적이 있다. 그는 기업이 무엇인지, 경영이란 무엇인지 물었고 유 박사는 친절하게 자신의 가치관과 기업관을 설명했다. 그는 유 박사를 평생의 사표師表로 삼았고, 이후 회사를 세울 때 사람이 중요하다는 '인본'과 공을 세워 사회에 보답한다는 '공헌'이라는 사훈을 만들었다. 이런 확고한 가치와 철학을 바탕으로 경영한 덕분에 창업 이래 단 한 차례의 감원도 없이 지속적인 성장을 이어갈 수 있었다.

두 번째 유형은 명목상 경영철학이나 경영이념이 있긴 하지만 기업문화로 발전시키지 못한 경영자다. 쉽게 말하면 회사의 홈페이지나 회사 소개서에 적힌 것처럼 보여주기식 경영이념이나 경영철학만 있을 뿐 임직원들이 행동하지 않는 경우다. 아래는 모 기업이 내세운 경영철학이다.

① 사원을 가족처럼 회사 일을 내 일처럼
② 인간 존중을 바탕으로 인류 건강 증진에 기여하는 신뢰받는 기업

범우연합만큼이나 그 뜻이 훌륭하다. 하지만 실제 경영 행태를 보면 ① 해당 기업 회장이 직원에게 폭행과 막말을 해서 물의를 일으켰고, ② 젊은 영업사원이 아버지뻘 되는 대리점주에게 욕설을 해서 물의를 일으켰다. 두 경우 모두 경영철학을 실천하지 못한 경우다. 결과적으로 기업의 명예는 땅에 떨어졌고 사람들의 질타를 받아야 했다. 회사에서 내세우는 경영철학을 경영자와 직원들이 행동으로 보여주지 못하

면 오히려 회사를 운영하는 데 독이 될 수 있다는 것을 보여준 전형적인 사례다. 특히 이 유형은 조직의 구성원들조차 경영철학을 대수롭지 않게 여길 가능성이 커 장기적으로 기업 성장을 방해하는 요인이 된다.

마지막 세 번째 유형은 경영철학이나 이념이 명확하지 않아 기업을 운영하는 데 필요한 원칙과 기준이 모호한 경영자다. 그동안 만났던 중소기업 경영자 대부분이 여기에 속했다. 대체로 이들은 상황에 따라 임기응변으로 의사결정을 하는 경우가 많기 때문에 기업 운영 방식에 일관성이 결여된다. 더구나 기업의 목적이나 방향성이 불명확해 직원들에게 일에 대한 가치를 부여하지 못하고, 비즈니스를 돈을 벌기 위한 수단으로만 생각한다.

한 모임에서 만났던 40대 중반의 중소기업 경영자는 직원들에 대한 불만을 토로했다. 그러면서 자신과 친하게 지내는 다른 기업의 경영자는 직원 복이 많다며 부러워했다. 불만의 내용은 대강 이런 것이었다. 지인 회사의 직원들은 알아서 일도 잘하고 책임감도 강한데 자신의 회사 직원들은 시키는 일만 하고 기회가 되면 자꾸 이직을 하려고 한다는 것이다. 그런데 내가 두 회사를 모두 방문해 직원들을 만나보니 내게 불만을 토로한 경영자는 세 번째 유형이었고 그의 지인은 첫 번째 유형의 경영자였다. 그는 직원들을 탓했지만 어쩌면 문제는 직원들이 아니라 경영자의 경영철학 유무에 있었는지도 모른다.

이 3가지 유형의 경영자 중 누가 이끄는 기업이 더 좋은 성과를 낼까? 두말할 것 없이 첫 번째다. 같은 업종이라도 어떤 기업은 "경기가 좋지 않아 회사가 어렵다"라고 말하지만 어떤 기업은 지속적으로 성장한다. 이유는 여러 가지가 있겠지만 확고한 기업의 정신, 즉 경영철학이 있느냐 없느냐가 큰 차이를 만든다. 결국 성공을 지속적으로 이어가는 힘은 기업의 정신에 있다. 사실 대부분의 기업들이 승계를 생각하기도 전에 실패하거나 기업을 잘 키워놓고도 세대교체를 하지 못한다. '경영철학'이 없었기 때문이다. 경영자가 바뀌어도 기업이 길을 잃지 않고 한 방향으로 나아가려면, 기업이념을 바탕으로 한 확고한 경영철학이 정립되어 있어야 한다. 그런 점에서 '경영철학'과 '경영이념'을 체계화하고 이를 계승하는 것은 승계의 핵심 요소다.

교보문고 :
확고한 경영철학으로 운영되는 기업

2015년, 우리나라를 대표하는 한 서점이 온라인과 모바일 시대를 역행하는 새로운 시도로 주목을 받았다. 서점 한가운데 5만 년 된 대형 소나무로 만든 100인용 독서 테이블을 놓은 것이다. 그리고 서가 곳곳에 책을 읽을 수 있도록 작은 테이블과 의자도 넉넉하게 두었다. 서점을 마치 도서관이나 북카페 같은 공간으로 탈바꿈시킨 것이다. 온라인 시장의 확장으로 오프라인 시장이 위축되었다고 하지만 오히려 공간을 최대한 활용해, 서점을 단순히 책을 사는 공간이 아닌 오래 머무르고 싶은 문화 공간으로 차별화한 것이 큰 반향을 일으켰다. 그 주인공은 바로 국내 대형 서점의 선두 주자인 '교보문고'다.

교보문고는 "오프라인 서점의 역할은 사람들을 서점에 오게 하고 그곳에 머무르게 하여 궁극적으로는 책을 읽게 만드는 것"이라며 "공간 디자인을 할 때도 그런 요소들을 고려했다"라고 밝혔다.[38] 사실 교보문고의 이런 변신의 바탕에는 "우리는 책을 파는 것이 아니라 책을 읽히도록 하는 것이 궁극적인 목표"라던 고 신용호 회장의 창업 정신이 자리 잡고 있다.

신 회장은 유년 시절 형편이 어려워 제대로 된 교육을 받지 못했다. 독학으로 공부하며 철학, 고전 등 누구보다 많은 책을 읽었던 그는 독서를 통해 배움의 중요성을 깨달았다. 훗날 교보생명을 창업한 뒤 최초로 교육 보험을 만든 것도 이와 같은 맥락에서다.

그러나 그는 여기에서 그치지 않고 교보생명에서 얻은 수익을 교보문고를 통해 사회에 환원하겠다며 시내 한복판에 서점을 열었다. 서점을 통해 이익을 내겠다는 마음보다 '독서가 곧 사람을 만든다'는 깨달음과 '국민이 지식을 축적해야 나라가 부강해진다'는 신념으로 교보문고를 키웠다. 이런 신념은 그가 정리한 5가지 지침에 명확히 드러난다.

교보문고의 5대 지침

- 모든 고객에게 친절하고 초등학생에도 반드시 존댓말을 쓸 것.
- 한곳에 오래 서서 책을 읽더라도 절대 말리지 말고 그냥 둘 것.
- 책을 이것저것 빼보기만 하고 사지 않더라도 눈총 주지 말 것.
- 앉아서 노트에 책을 베끼더라도 제지하지 말고 그냥 둘 것.
- 간혹 책을 훔쳐 가더라도 도둑 취급하면서 절대 망신 주지 말고 남의 눈에 띄지 않는 곳으로 데려가 좋은 말로 타이를 것.

그의 경영철학은 창업 이후 지금까지 30년 넘게 이어져오고 있으며, 방법에는 조금씩 변화가 있을지언정 그 뜻은 변함이 없다. 1981년 교보문고 개점 초 직원들에게 내린 이 지침은 아직까지도 전 사원에게 교육되고 있다고 한다. 창업자가 경영 일선에서 물러났지만 확고한 기업이념 덕에 기업이 방향을 잃지 않고 지속될 수 있다는 것을 보여준 훌륭한 사례다.

기업의 존재 이유를
끊임없이 되물어라

모든 사물에 존재 이유가 있듯이 기업도 마찬가지다. 사업하는 사람들에게 "기업의 목적이 무엇인가?" "왜 사업을 하는가?"라고 질문해보면 "당연히 돈을 벌기 위해서 아닌가?"라고 대답하는 경우가 많다. 물론 돈을 벌겠다는 말도 틀린 말은 아니다. 하지만 기업의 목적이 단지 이익 창출에만 있다면 그 기업은 오래 생존할 수 없다. 기업이 장기적으로 생존하려면 먼저 존재 이유가 분명해야 한다. 즉, 고객이나 사회에 어떤 가치를 제공할 것인지 그 이유가 명확해야 한다. 기업이념과도 같은 의미인 사명Mission의 정립은 바로 이 질문에서 시작된다.

10여 년 전쯤 전업주부로 있던 한 지인이 치킨집을 개업했다. 직장 경험도 전혀 없고 그녀가 선택한 업종은 전 세계 맥도날드 점포 수보다 많고, 1년 안에 폐업률이 20~30% 달하는 치킨집이었다. 주변에서 우려가 큰 것은 당연했다. 하지만 그녀는 짧은 시간 안에 가게를 안정화하며 주위의 우려를 불식시켰다. 그로부터 수년이 지나 남편이 해외로 발령 나는 바람에 가게를 다른 사람에게 넘기게 되었다. 단골이 많고 영업도 잘되는 가게였기 때문에 가게를 인수할 사람도 금방 나타났고 권리금도 두둑하게 받았다. 그런데 가게를 인수한 사람은 1년이 채 안 되어 문을 닫았다. 같은 장소에서 똑같은 장사를 했는데 왜 누구는 성공하고 누구는 실패한 걸까?

나의 지인은 가게를 시작할 때 "아이들에게 집에서 해주었던 것처럼, 동네 사람들이 믿고 먹을 수 있는 깨끗하고 건강한 치킨을 팔고 싶다"라고 말했다. 그래서 기름도 항상 깨끗한 것으로 썼고, 밖에서 주방을 볼 수 있도록 주방 쪽 벽면에 투명 유리를 설치했다. 또 그녀는 치킨을 반 마리만 사러 온 사람들에게도 항상 기분 좋게 응대했다. 무거운 짐을 들고 가게를 방문한 고객들에게는 "짐을 놓고 가면 오토바이로 치킨 배달할 때 가져다 주겠다"라며 먼저 호의를 베풀기도 했다. 맛있고 품질 좋은 치킨뿐만 아니라 그녀의 친절과 따뜻한 성품 때문에 그 가게에 한번 가면 금세 단골이 되었고, 치킨 반 마리만 사갔던 사람들도 모임이나 행사가 있을 때는 이 가게에서 여러 마리를 주문했다.

그런데 인수받은 사람은 매출만 중요했을 뿐 전 주인의 마음가짐을 이어가지는 못했다. 그는 치킨 반 마리만 사려는 사람들에게 불평을 하다가 벽에 "반 마리는 팔지 않습니다"라고 써 붙였다. 고객들은 말없이 하나둘 떠났고 가게는 시간이 지날수록 운영하기 힘들어졌다. 장사가 어려워지자 기름을 자주 가는 것조차 부담이 되었고, 주방 쪽 투명 유리 위에 불투명한 셀로판지를 붙여 밖에서 주방 안을 볼 수 없도록 했다. 결국 얼마 되지 않아 단골들마저 떠나며 두 번째 주인은 가게를 인수한 지 6개월 만에 문을 닫았다.

주인만 바뀌었을 뿐 모든 조건이 같았던 이 사례가 주는 교훈은 크다. 운영하는 주인의 마음가짐에 따라 성공할 수도 망할 수도 있다는 것. 규모와 상관없이 어떤 기업이든 이 사례에 나오는 첫 번째 주인처럼 '내가 왜 비즈니스를 하는가?' 즉, '비즈니스의 목적이 무엇인가?'에 대한 명확한 답을 가지고 있어야 한다. 비즈니스의 목적이란 '우리가 왜 이 일을 하는가?'에 대한 답이자 기업이 존재하는 이유다. 눈에 보이지 않으니 간과하기도 쉽지만 이것은 '업의 본질'에 관한 것이며 기업의 성패를 좌우할 정도로 중요하다.

업의 본질과
업에 대한 믿음

세계적 경영 전문가인 사이먼 사이넥은 고객은 기업의 '업의 본질why'을 산다고 한다. '제품이나 서비스what'를 사는 것이 아니고 '수단이나 방법How'을 사는 것은 더더욱 아니다. 예를 들면

신문을 사는 고객은 활자가 인쇄된 종이를 사는 것이 아니라 그 안에 든 정보나 지혜를 사는 것이고, 게임기를 사는 고객은 장난감 그 자체를 사는 것이 아니라 놀이하는 즐거움을 사는 것이다. 그러므로 수단이나 제품 자체에 집착해 '업의 본질'을 잊어서는 안 된다고 경고한다. 무엇을 만들고 어떻게 팔 것인가에 앞서 고객에게 어떤 가치를 전달할 것인가, 즉 우리 기업이 존재하는 이유인 '업의 본질'이 무엇인지 고객에게 명확하게 전달할 수 있어야 한다. 세계적인 경영 석학 피터 드러커는 "성공적인 비즈니스를 위한 첫 번째 플랜은 금전적 수익이 아니다. 위대한 기업은 사명을 실천하는 것부터 시작한다"라고 했다. 작은 치킨집이라 해도 '기업의 존재 목적'과 '수익성' 간의 선후 관계가 명확해야 한다. 이 원칙은 기업 규모나 역사, 국가에 관계없이 어느 기업에나 동일하게 적용된다.

300년 동안 한 가문에서 13대째 기업을 이어가고 있는 독일의 글로벌 제약회사 메르크Merck 사의 사명은 "질병과 싸우고 있는 사람들을 고통에서 해방한다"이다. 메르크 가의 일원 중 한 명은 인터뷰에서 이렇게 말했다. "우리 회사는 의약품이 환자를 위한 것임을, 인간을 위한 것임을 잊지 않았습니다. 의약품은 이익을 위한 것이 아니며 수익은 부수적인 것임을 기억하려고 노력했습니다. 이 원칙을 명심할수록 이익은 더욱 커졌습니다."[39]

2006년부터 원인 불명 사망자가 속출하여 문제가 제기된 '옥시 가습기 살균제 사망 사건'은 2016년이 되어서야 수사가 시작되면서 한바탕

우리 사회를 떠들썩하게 했다. 이 옥시 제품의 포장지에는 "아이에게도 안심"이라는 문구가 크게 쓰여 있다. 하지만 검찰은 이 사건을 조사하면서 기업이 원가 절감을 위해 독성 실험을 생략했을 가능성이 높다고 밝혔다. 결국 이 기업은 뚜렷한 철학 없이 돈벌이만을 좇았던 셈이다. 아무리 좋은 목적과 이념을 표방해도 그것을 기업의 모든 경영 활동에 적용하지 않는다면 의미가 없다.

승계를 계획하고 있거나 진행하는 회사들을 보면 대부분 20~30년 이상 생존해온 기업들이다. 세대교체를 앞두고 창업자들이 해야 할 첫 번째이자 가장 중요한 일은 기업의 정신이나 가치체계를 정립하고 전 직원과 함께 그것을 공유하는 것이다. 그리고 기업이 추구하는 철학이나 이념에서 벗어나는 것과는 결코 타협하지 않겠다는 기업 문화를 정착시켜야 한다. 그렇지 않으면 자신이 아무리 훌륭한 기업을 만들어놓았어도 승계 후 기업이 어디로 흘러갈지 예측할 수 없다. 앞서 소개한 치킨집의 사례처럼, 기업의 성공을 견인했던 창업 세대의 정신이 계승되지 않고 다음 세대들이 기업을 단지 돈벌이의 수단으로 생각한다면 기업은 살아남을 수 없다. 오랫동안 꾸준히 고객에게 사랑받는 회사들은 한결같이 훌륭한 철학과 이념을 가지고 있는 회사다. 200년 장수 기업들이 창업 초기부터 이어온 경영이념이나 사명에 애착을 갖는 이유는 명확하다. 오랜 세월 동안 고객과 사회에 옳은 가치를 전달했다는 믿음 때문이다.

실천할 수 있는
미션을 만들어라

'우리가 왜 이 일을 하는가?', '우리는 왜 존재하는가?' 이 질문에 대한 답을 명확히 하는 것도 중요하지만 임직원과 그 내용을 공유하고 적극적으로 실천하는 것이 중요하다. 그러려면 회사가 어떤 일을 왜 하는지, 직관적으로 이해할 수 있어야 한다. 기업의 존재 이유를 명확하게 정립하고 싶다면 다음 질문에 답해보라.

1. 우리는 무엇을 하는가? 그것은 무엇을 의미하며, 왜 하는가?
2. 우리의 목표 고객은 누구이고, 그들에게 어떤 혜택을 제공하는가?
3. 우리는 고객이 가진 어떤 문제를 해결하는가?
4. 직원들을 위해 어떤 근무 환경을 제공할 것인가?

위의 질문에 자기만의 답을 적었다면 다음 3단계에 따라 다시 한 번 점검해보라.

1. 우리의 고객은 누구인가?

실제 고객이 우리 회사의 물건을 산다고 상상해보자. 그들은 왜 우리의 제품이나 서비스를 사려고 마음먹었을까? 그들은 그것으로 무엇을 하는가? 그들은 어떻게 우리를 알게 되었는가? '고객이 왜 구매하는가?'라는 질문은 고객의 니즈뿐만 아니라 목표 고객, 고객의 특성, 다른 회사와의 차별점에 대한 답을 정의하는 데 매우 효과적이다.

2. 우리의 제품이나 서비스로 고객의 삶이 어떻게 좋아지는가?

먼저 회사가 고객에게 제공하는 제품이나 서비스가 무엇인지 정의해보자. 그리고 그것이 고객에게 어떤 가치를 제공하는지 생각해보자. 어떤 분야에 있든 자신의 비즈니스의 가치를 낮게 평가하지 마라. 예컨대, 어떤 미용실은 자신들이 제공하는 서비스를 단순히 '머리카락을 자르는 일'이 아니라 '고객의 스타일을 디자인하는 일'로 정의했다. 모든 기업이 세계의 환경을 개선하고 기술을 선도할 필요는 없다. 우리 기업이 지역 사회나 고객에게 기여할 수 있는 전문 분야로 범위를 좁혀라. 창업한 지 100년이 넘은 미국 팀켄Timken 가의 5대째 내려오는 사명은 '다른 기계들이 부드럽게 굴러가도록 제품을 만들어 산업 발전에 실질적으로 공헌한다'이다. 이 분명한 사명 덕에 그들은 세상에서 가장 정교한 롤러 베어링을 만들고 있는 회사로 명성을 얻었다.[40] 자신이 하고 있는 비즈니스의 전문성에 초점을 맞추어라. 그러고 나서 '고객뿐만이 아니라 지역 사회와 전 세계에 어떻게 공헌하는가'로 생각을 확장시키면 된다.

3. 우리 회사는 직원과 주주들에게 무엇을 제공하는가?

최근에는 고객에게만 좋은 기업이 될 것이 아니라 직원에게도 좋은 직장이 되기를 원하는 기업이 많다. 만약 직원에게 의미 있는 직장이 되고 싶다면, 사업을 통해 직원들에게 무엇을 제공할 것인지 깊이 고민해봐야 한다. 현재 하고 있는 사업이 직원들에게 어떤 가치를 제공하는지, 어떤 기업 문화로 직원들을 이끌 것인가 정의해보자. 또 주주들의 투자수익률을 높이는 것도 중요하지만 기업은 사회에 유익한 공익 가치Shared Values도 창출해야 한다. 이 2가지 관점을 종합해 기업이 주주들에게 어떤 가치를 제공할 수 있는지 정의해보라.

다음은 세계적인 두 기업의 사명을 정리한 것이다. 앞서 설명한 단계에 따라 명확하게 정립되어 있는지 살펴보자. 또한 사명은 사업을 하는 근본적인 목적이자 회사의 방침이 되므로 야심 찬 사명을 만드는 것보다 실질적으로 회사의 본질을 지키는 것이 더 중요하다. 그런 차원에서 아래 예시가 자신의 회사의 사명과 어떻게 다른지 비교해보자.

- **뉴욕타임스** : "어떤 세력이나 파벌, 어떤 이해관계에도 굴하지 않고, 어떠한 두려움도 편견도 없이 공정한 뉴스를 전한다."
- **넷츠토요타난고쿠**(13년 연속 고객 만족도 1위를 차지한 도요타 자동차 딜러사) : "회사의 목적은 함께 일하는 전 직원이 인생의 승리자가 되는 것이며 이익이나 매출은 숫자일 뿐이다."

리더의 신념이
모두의 신념이 되는 순간

레 제노키앙Les Henokiens은 전 세계적으로 200년 이상 된 가족기업 경영자들만 모이는 친목 모임이다. 영국, 프랑스, 이탈리아, 일본 등 8개국 40여 개의 기업이 이 모임의 회원으로 소속되어 있다. 기업이 200년 이상 지속되면 최소 7~8세대가 후계를 잇고 있다는 뜻인데, 가족기업이 4대까지 생존하는 비율이 약 4% 정도인 것을 감안하면 이 모임에 속한 기업들이 장수하는 것을 우연으로만 볼 수는 없다.

이 기업들이 200년 이상 생존할 수 있었던 비결은 무엇일까? 1731년에 창업한 이탈리아 기업의 대표가 이 모임의 회장을 맡고 있는데 그는 자신의 회사가 400년 가까이 생존할 수 있었던 비결은 '윤리적 경영과 창업 초기부터 전수된 핵심 가치를 지켜온 것'이라고 했다.[41] 다른 회원들 역시 '사회와 조화를 이루는 회사의 지배적인 가치와 기본 원칙을 지켜온 것'이 장수 비결이라고 했다. 핵심 가치란 회사를 운영하는 데 기준이 되는 신념이나 원칙으로 창업자의 경영철학에서 비롯된다.

그렇다면 이들이 중요하게 생각하는 '가치'는 무엇일까? 나라나 기업마다 차이가 있지만, 가장 많이 꼽힌 가치는 '품질'이었다. 그다음은 '근면'과 '정직'이다. 그 밖에도 기업가 정신, 최고 지향, 혁신 등 다양한 가치가 언급되었다. 여기서 중요한 것은 수익이 이 가치들보다 앞서지 않는다는 것이었다. 그들은 수익보다 기업의 사명과 그들이 중요하게 여기는 가치에 따라 행동한다. 즉, 창업 초기부터 계승된 가치를 신봉하고 이에 따라 의사결정을 하는 것이다. 우리는 이것을 '핵심 가치'라고 한다. 핵심 가치란 '당신이 가장 중요하게 생각하는 것은 무엇인가?'라는 질문의 답에 해당된다. 장수기업의 핵심 가치는 창업 초기부터 기업 문화 전반에 자리해 세대를 이어 계승되며 가족과 기업의 정신적인 DNA가 된다. 그리고 이것은 기업의 가치 판단의 기준이 되기도 한다.

나는 종종 가치관 워크숍에서 참석자들에게 '가치관이란 무엇인가?'에 대해 몇 가지 질문을 한다. 예컨대, "테레사 수녀님이 가장 중요하게 생각하는 가치는 무엇일까요?"라고 물으면 어렵지 않게 '사랑'이라는 대답을 듣는다. 한 번도 만난 적이 없지만 참석자들 모두 테레사 수녀가 '사랑'이라는 가치를 위해 자신의 삶을 헌신했다는 것에 동의한다. 그렇다면, 이순신 장군은 어떠한가? '충忠', 그가 국가에 충성하는 데 자신의 인생을 바쳤다는 것 또한 의심할 여지가 없다. 이 두 인물들처럼 전 세계적으로 존경받는 인물들의 공통점은 어떤 원칙에 따라 강한 신념을 갖고 있다는 것이다. 그리고 한결같이, 그 가치에 반하는 일이라면 절대로 타협하지 않았다. 우리는 여기에서 교훈을 얻을 수 있다. 사람들은 뭔가를 강력하게 믿는 사람, 그 믿음을 지키기 위해 무엇이든 할 자세가 되어 있는 사람을 존경한다는 것이다.

이것을 기업과 경영자의 관점에서 본다면 경영자는 가치관을 분명히 하고, 말한 대로 행동해야 신뢰를 얻을 수 있다는 뜻이기도 하다. 경영자가 가치를 명확히 규정하는 것은 직원들에게 회사가 어떤 원칙을 가지고 사업을 해나갈 것인가를 분명히 밝힌다는 것과 같다. 기업의 핵심 가치는 기업을 경영하면서 만나게 될 험난한 항로를 헤쳐 나갈 나침반 같은 역할을 한다.

결국 핵심 가치는 기업의 운영 지침이다. 사업을 하는 데 수많은 의사결정과 판단의 기준이 된다. 또한 임직원들이 해야 할 일과 하지 말아야 할 일을 구분하는 기준도 된다. 강력하게 가치를 추구하는 사람이나 기업은 당장 이익이 되는 일이라고 해도 자신들이 추구하는 가치와 맞지 않는다면 단호하게 "아니오"라고 한다. 또 고통이 따르더라도 자신들이 추구하는 가치에 부합하면 기꺼이 책임지고 "예"라고 한다. 예컨대, '정직'이란 가치를 중요하게 생각하는 기업이라면 사업을 할 때나 직원들의 상벌을 평가할 때도 이 가치를 기준 삼아 판단한다. '품질'을 최우선 가치로 두는 기업이라면 원가 절감을 하겠다고 품질을 떨어뜨리는 타협은 절대 하지 않을 것이다. 기업의 핵심 가치가 명확하면 기업 안에서 갈등이 일어날 확률 역시 훨씬 줄어든다. 또한 의사결정을 할 때도 신속하고 일관성 있게 할 수 있어 조직의 신뢰도 강화된다.

핵심 가치와 그 의미가 정해지면 경영자는 가치에 따라 의사결정을 하고 먼저 행동하는 모범을 보여서 직원들이 따를 수 있도록 해야 한다. 그래야 경영자가 핵심 원칙을 실천하는 과정에서 '리더의 신념'은 '우리의 신념'으로 탈바꿈하게 되며, 조직의 가치가 통합되면서 조직에 엄청난 에너지가 솟아날 수 있다. 연구에 따르면, 공통의 가치에 뿌리를 둔 기업 문화를 정립한 회사가 그렇지 않은 회사들보다 수익이 4배나 빨리 증가하고, 일자리 창출이 7배나 상승하고, 주가가 20배나 빨리 증가하고, 수익 기준 실적이 750% 증가했다.[42]

단, 핵심 가치를 규정할 때 한 가지 명심할 점은 기업이 영속하는 데 특별히 '올바른' 핵심 가치는 없다는 것이다. 세계적인 경영학자인 짐 콜린스는 성공하는 기업들을 연구한 《성공하는 기업들의 8가지 습관》에서 기업이 영속하는 데 핵심 가치는 필수이지만 그 핵심 가치가 어떤 것이든 문제되지 않는다고 했다. 중요한 것은 어떤 핵심 가치를 정립하느냐가 아니라 자기 기업만의 고유한 핵심 가치들을 갖는 것, 그게 무엇인지 스스로 아는 것, 그것들을 조직에 명확하게 불어넣는 것, 그리고 오랜 기간 그것을 보존하는 것이다.[43]

적합한 인재를 확보하는 기준

회사의 핵심 가치가 분명해지고 그것으로 조직 구성원의 행동이 일치하면 추진력이 급증하며 직원들은 자기 일에서 의미를 발견하게 된다. 특히 개인의 가치관과 조직의 가치관이 일치하는 경우 직원들은 조직에 더 충성하게 된다. 최근 기업들이 핵심 가치를 중심으로 기업의 인재상을 수립하고 이에 걸맞은 직원들을 선발하는 것도 이런 이유에서다. 짐 콜린스는 《좋은 기업을 넘어… 위대한 기업으로》에서 위대한 경영자들은 목적지보다 어떤 사람과 함께 갈 것인가를 고민한다고 했다. 즉, 버스를 어디로 몰고 갈 것인가보다는 버스에 어떤 사람을 태울 것인가가 더 큰 이슈다.

기업의 인적 자원은 매우 중요한 요소다. 그런데 여기에서 인적 자원이란 단지 사람 그 자체를 말하지 않는다. 그 사람이 회사에 적합한 사람일 때 인적 자원으로서 가치가 발휘된다. 그렇다면 누가 적합한 사람인가? 과거 기업에서는 직원들을 선발할 때 학력이나 경험, 능력을 보고 '최고의 인재Best people'를 원했다. 하지만 최근 기업들은 '적합한 인재Right people'를 원한다.[44] 과거에 학력이나 토익 점수 등 스펙을 강조했다면 최근에는 인재를 선택할 때 능력보다는 품성과 기업 문화의 적합성을 중시한다.

실제 성공한 기업들을 보면 적합한 사람을 규정할 때 교육적 배경이나 기술, 전문 지식, 경력보다는 품성을 중요하게 생각한다. 전문 지식이나 기술이 중요하지 않아서가 아니다. 기술이나 지식은 가르칠 수 있지만 성격이나 윤리성, 책임감이나 헌신의 자세, 가치관 같은 것은 타고나는 것과 자라온 환경, 그 사람의 애사심에 달려 있기 때문이다. 결국 적합한 사람이란 기업의 핵심 가치와 기업 문화에 부합하고 동시에 직무 수행에 요구되는 역량을 보유한 사람을 의미한다.

이와 같이 적합한 인재를 선발하려면 기업에서도 기업에 맞는 '인재상'을 정립해야 한다. 이때 가장 중요하게 반영하는 것이 바로 기업의 핵심 가치다. 능력은 탁월하지만 기업의 핵심 가치에 부합하지 않는 사람과 능력은 조금 부족해도 기업의 핵심 가치에 부합하는 사람이 있다면 후자가 더 기업에 적합한 인재상이다. 예컨대 기업에서 '창의와 도전'을 핵심 가치로 내세우고 있다면 변화를 거부하고 도전을 두려워하는 사람보다는 창의적이고 진취적인 사람을 선발하는 것이 더 나은 선택이다. 그러므로 '인재상'을 정립할 때에는 기업의 핵심 가치와 기업 문화의 적합성을 가장 먼저 고려해야 한다.

한 기업에 가치관이 잘 정립되어 기업 문화로 정착되고 기업의 가치관에 동의하는 사람들을 선발해 직무 수행에 필요한 훈련을 시킨다면 어느 회사보다도 강력한 힘을 갖게 된다. 짐 콜린스는 적합한 사람을 버스에 태운다면 '사람들에게 어떻게 동기를 부여하고, 사람들을 어떻게 관리할 것인가?' 하는 문제는 대부분 사라진다고 했다. 그렇다면 직원의 가치관을 알려면 어떻게 해야 할까? 사람들은 살면서 수많은 결정을 내린다. 그 결정의 기준은 곧 그 사람이 가장 중요하게 생각하는 가치일 것이다. 따라서 그 사람이 내린 인생의 크고 작은 결정들의 기준이 무엇이었는지 묻는다면 개인의 핵심 가치를 알 수 있다.[45]

회사의 핵심 가치에 따라 인재상을 정립해두면 적합한 사람도 잘 선발할 수 있지만 능력이 있어도 회사에 부적합한 사람을 구분하는 일도 명확해진다. 회사의 핵심 가치에 부합하지 않는 사람에게 엄격한 기준을 적용할 수 있기 때문이다. 즉, 회사의 경영철학이나 핵심 가치가 '협력'을 중요하게 생각한다면 아무리 능력이 있어도 협력보다 개인적 공과를 중요시하는 사람은 회사에 맞지 않는 사람이다. 짐 콜린스는 회사와 맞지 않는 사람은 버스에서 내리게 하라고 조언한다. 그는 위대한 회사가 가진 능력은 '적합한 사람들을 충분히 확보하고 붙들어두는 능력'이라고 했다. 자, 이제 당신의 기업에 적합한 인재상이 정립되어 있는지, 그 인재상이 핵심 가치와 기업 문화를 제대로 반영하고 있는지 점검해보라.

유기농 경영철학을
매일 실천하는 한국콜마

100년 기업을 꿈꾸는 한 기업이 있다. 바로 '한국콜마'이다. 한국콜마는 우리나라 국민들이 거의 매일 쓰다시피 하는 화장품과 의약품을 생산하는 글로벌 ODM(제조자 자체 개발 주문 생산) 기업이다. 1990년 농협중앙회를 거쳐 대웅제약 부사장 자리까지 올랐던 윤동한 회장은 40대 초반 일본콜마와 합작하여 화장품과 의약품 연구 개발 조제 전문 기업을 설립했다. 설립 당시 매출액이 10억 원이었던 콜마는 25년 만에 매출액 1조 원에 육박하는 건실한 기업으로 성장했다.

한국콜마의 성공에는 창업자인 윤 회장의 경영철학이 자리 잡고 있다. '유기농 경영.' 유기농 농산물은 화학제품을 사용해 기르는 일반 농산물보다 자연 그대로의 방식을 고집하기 때문에 기르기가 어렵다. 하지만 그만큼 건강하고 수요자에게 가치를 인정받는다. 윤 회장은 이를 기업 경영에 적용해 작지만 강한 기업을 만들겠다는 원칙을 세웠다. 내용은 '원칙과 기본에 충실하면서 환경에 맞게 개선하고 창조하는 것', '원칙을 지키되 변화의 끈을 놓지 않는 것', '인위적 환경에 의해 만드는 것이 아니라 근본 자생력을 높이는 것'으로 요약된다. 윤 회장은 경영을 하며 매출 증대 유혹에 흔들릴 때마다 '유기농 경영론'을 되뇌며 스스로를 다잡아왔다.

윤 회장이 주장하는 '유기농 경영'의 요체는 '기술 경영'과 '인간 경영'으로 나뉜다.[46] '기술 경영'은 품질 최우선 주의를 말한다. 윤 회장은 사업 초기부터 "작은 회사라 R&D로 승부해야 한다"라고 말해왔다. 그 덕분에 현재 국내에서 특허 기술과 기능성 화장품 인증 보유 수가 가장 많다. 매년 매출액의 약 5%를 연구 개발에 투자해온 결과다. 중소기업이 평균 3.36%, 중견기업이 평균 1.6% 투자하는 수치와 비교하면 높은 비율임을 알 수 있다.

'인간 경영'은 성과로 사람을 평가하기보다는 임직원의 자생력을 높이는 데 초점을 둔다는 뜻이다. 윤 회장은 직원 개개인이 제 역량을 발휘할 수 있도록 인내하고 책임지는 역할을 해야 한다고 말한다. 모든 것을 일일이 지시하고 챙기려고 하면 직원의 성장을 기대할 수 없다는 것이다. 그래서 이 회사는 대학 서열 순으로 직원을 채용하지 않는다. A급 인재보다는 성장 잠재력을 가진 B급 인재들을 채용해 그들의 능력을 잘 키우려고 노력한다. 이른바 새로운 유형의 인재 사관 기업으로 정착하고 있는 셈이다.

윤 회장은 '유기농 경영'의 실천 키워드로 '4성 5행四性五行'이란 핵심 가치를 제시한다. 4성은 '창조성', '합리성', '적극성', '자주성'을 말하며, 직원들이 일할 때 모든 판단의 근거가 되고 회사가 일관되게 지켜온 전통이다. '창조성'은 항상 열정과 호기심으로 사물을 살펴보고 '개선'하거나 '개량'할 수 있는 부분이 있으면 그것을 탐구하고 새로운 가치를 창출한다는 뜻이다. 이 회사가 한국을 대표하는 화장품 'BB 크림'을 탄생시킨 데에는 4성의 가장 최우선의 가치인 '창조성'이 큰 몫을 차지했다. '합리성'은 원칙과 기본을 지키면서 최선의 방법을 선택하여 윈-윈하는 방법을 모색하는 것이다. '적극성'은 주도면밀한 계획과 과감한 실천으로 가능성을 실현하는 태도를 말한다. '자주성'은 상호 신뢰를 바탕으로 보람의 일터를 스스로 만들어 나가는 것으로 조직원들의 주인의식을 말한다.

5행은 기업이념과 핵심 가치를 지키기 위해 임직원들이 갖추어야 할 행동 규범으로, '독서', '근검', '겸손', '적선', '우보'가 있다. 이 회사는 임직원들의 인문적 소양과 자기계발의 일환으로 독서를 적극 권장한다. 이를 위해 KBS(Kolmar Book School) 독서 장려 프로그램을 운영하고 있으며, 최고경영자부터 신입사원까지 매달 1권씩 책을 읽는다. 또 책을 읽기만 하는 것이 아니라 각자 매년 6권 이상의 독후감을 등록하여 전 직원과 함께 공유한다. '적선'은 봉사 활동인데, 직원들은 초기 사업장 주변 노인 회관과 요셉의 집을 방문해 청소와 식사 준비, 목욕 봉사 등을 했다. 회사가 성장하고 사업장이 곳곳으로 확장되고 나서는 지역과 대상을 구분하지 않고 더욱 활발하게 진행하고 있다. 봉사 활동은 다양한 형태로 발전하고 있으며 전 임직원이 연간 2만 시간의 봉사 활동을 통해 따뜻한 손길을 전하는 '사랑의 릴레이'로 확산되고 있다.

윤 회장이 내세우는 또 하나의 경영철학 키워드는 '우보천리'다. 한국콜마의 공장 입구에는 '우보천리'라고 새겨진 대형 머릿돌이 놓여 있다. '소걸음으로 가더라도 멀리까지 멈추지 말고 가자'는 의미로 원칙을 지키면서도 변화의 끈을 놓치지 않는 정도 경영으로 100년 기업을 꿈꾸는 창업자의 철학을 담은 것이다. 이 회사의 신입사원들은 회사에 들어오는 순간부터 '우보천리'의 정신을 배운다. 신입직원 교육 프로그램 중에는 충남 연기군에 있는 본사에서 온양 온천에 이르는 30km를 하루 동안 행군하는 것이 있는데, 이때 윤 회장도 행군에 동참한다. 창업자와 함께 걸으며 신입사원들은 사회 초년생으로서 굳은 의지를 다지고, 기업의 철학을 몸소 체험한다. 이 행사는 해마다 시행하지만 그동안 낙오자가 단 한 명도 없었다.

윤 회장은 사업을 하면서 단기 성장보다 꾸준하게 노력해 얻을 수 있는 가치가 많다는 것을 깨달았다. 자칫 단기 성과에 매몰되면 장기 성과를 놓칠 수 있기 때문에 윤 회장은 매출에 대해 잘 묻지 않는다. 매출 목표에만 집착하면 반드시 부작용이 생기기 때문이다. 윤 회장은 "소의 걸음은 느린 것 같지만 결코 그렇지 않습니다. 소는 절대로 뒷걸

음치지 않거든요. 오래 가는 것이 결국 가장 빨리 가는 것임을 한국콜
마 임직원들은 항상 명심하고 있습니다"라고 말한다.

가족 갈등 예방과 후계자 육성

가족 화합
후계자 훈련
은퇴 준비

가족기업에 맞는
시스템을 구축하라

경기도에서 자동차 부품 관련 제조업을 하는 조 회장은 40년간 열심히 일해 회사를 중견기업으로 키웠다. 이제까지는 회사를 키워 시장에서 살아남는 게 최우선 과제였지만, 지금 그의 가장 큰 고민은 후계자를 선정해 적합한 시점에 위임하는 것이다. 70대인 자신보다 젊은 세대가 최고경영자가 되면 회사에 활력이 생겨 성장세도 더 늘 것이고, 최근 건강 상태가 나빠져 은퇴를 고민하게 된 것도 이유다.

그에게는 2남 1녀가 있는데 두 아들은 회사에 들어와 일하고 있고 딸은 전업주부이다. 장남은 일찍 회사에 들어와 차근차근 일을 배우며 부사장 직위까지 올랐고, 차남은 해외에서 경력을 쌓고 뒤늦게 회사에 합류했다. 동생이 회사에 참여하고 나서 형제간에는 팽팽한 긴장감이 감돌았다. 형은 동생이 하는 일을 못마땅하게 여겼고 동생은 형이 새롭게 시도하는 일에 항상 문제를 제기했다.

조 회장은 공식적으로 임명하진 않았지만, 작은아들을 후계자로 삼으려 마음먹었다. 그동안 지켜본 바로는 큰아들은 소극적이어서 지금까지 자신의 기대에 부응하지 못한 반면 작은아들은 의외로 리더십이 강했기 때문이다. 회사의 장기적인 발전을 생각한다면 작은아들에게 물려주는 것이 더 적합한 듯했다. 그래서 얼마 전 작은 규모의 사업부 하나를 분사해서 큰아들을 사장으로 취임시켰다. 그리고 모회사의 사장 자리는 공석으로 놓은 채 작은아들을 부사장으로 진급을 시키며 그를 후계자로 삼겠다는 뜻을 암묵적으로 밝혔다.

회사의 주식은 조 회장이 60%, 첫째와 둘째 아들이 각각 20%을 가지고 있다. 결혼해서 전업주부로 있던 딸에게는 아직 주식을 증여하지 않은 상태다. 조 회장은 소유권에 대해선 아직 어떻게 배분할 것인가 명확하게 결론을 내리지 못한 상태며 당분간은 지금의 상태를 유지할 생각이다. 하지만 조 회장의 이런 결정은 자녀들끼리 소유권과 경영권 다툼을 벌이는 문제로 번졌다. 부사장인 작은아들은 자신이 좀 더 주도적으로 경영하려면 소유권도 더 많이 확보해야 한다고 했고, 큰아들은 아버지의 잠정적 후계자 결정에 피해의식이 컸다. 또 소유권 문제에 대해서도 지금껏 아버지를 보필하며 회사를 키우는 데 기여했으니 경영권이야 창업자인 아버지의 뜻에 따르더라도 소유권은 동생과 동등하게 부여되어야 한다고 생각하고 있었다. 여기에 또 한 가지 변수는 조 회장의 딸이었다. 경영에 참여하지 않은 딸은 경영에는 관심이 없지만, 아버지의 자식으로서 어느 정도 소유권을 갖길 기대하고 있었다.

결국 조 회장이 어떤 결론을 내려도 자녀간의 갈등은 피할 수 없는 상황이 되었다. 만약 작은아들에게 지배적인 소유권을 준다면, 자녀들끼리 유류분 소송을 피할 수 없을 것이며, 자녀들에게 공평하게 소유권을 나누어준다면 지분이 분산되어 작은아들이 주도적으로 회사를 운영하기가 어려울 것이다.

저마다 다른
가족 구성원의 이해관계

경영자가 자녀를 1명만 두고 있다면 가족 관계나 승계 구도는 비교적 간단하다. 그러나 대체로 한 자녀 이상을 두고 있는 경우가 더 많다. 그렇게 되면 기업에 참여하는 자녀와 참여하지 않는 자녀, 소유권이 있는 자녀와 없는 자녀는 각자의 상황에 따라 기업에 대한 관심이나 이해관계가 달라진다. 대부분의 가족들이 승계 시기에 갈등을 겪게 되는 이유가 바로 이것이다.

가족기업 3차원 모델을 가족 구성원의 입장에서 다시 풀어보면, [그림 3-1]처럼 7개의 구역으로 나눌 수 있다. 가족기업의 구성원은 반드시 이 중 한 곳에 속하게 되는데, 각자 어느 부분에 속하는지에 따라

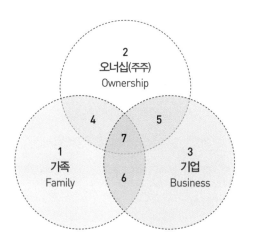

[그림 3-1] 가족기업 3차원 모델

이해관계가 달라진다.

　원의 바깥쪽 1, 2, 3번 구역에 있는 사람들은 가족, 주주, 직원이라는 한 가지 역할만 수행하는 사람들이다. 만약 한 가지 이상의 역할을 맡으면 원이 겹쳐지는 4, 5, 6, 7번 구역에 속한다. 가족이면서 오너십(소유권)이 있는 사람은 4번에, 회사 임직원이면서 주식을 가지고 있는 사람은 5번에, 가족이면서 회사에서 일하고 있다면 6번에 속한다. 그리고 7번은 가족이면서 소유권도 있고, 기업에서 일하는 사람이다. 각자 다른 구역에 속한 이해관계자들의 입장 차이만 제대로 알아도 승계 시에 발생하는 가족기업의 다양한 분쟁들을 좀 더 쉽게 해결할 수 있다.

　① **가족** : 이들은 기업에 참여하지 않고, 오너십도 없는 가족이다. 그

러나 원하면 기업에서 일할 수 있고, 언젠가는 다른 형제자매와 동등하게 오너십을 가질 것이라 기대한다. 그런데 이런 기대가 충족되지 않는다면 형평성을 문제 삼으려고 한다. 자신도 똑같은 자식이니, 주식 지분을 다른 형제와 동등하게 부여받는 것이 합당하다는 논리다.

② **주주 또는 투자자** : 기업의 주식이나 지분을 가지고 있지만 회사에 근무하지 않으며 가족도 아니다. 주로 은행이나 일반 투자자가 여기에 속한다. 이들의 근본적인 관심은 투자수익이다. 그러므로 회사의 중요한 의사결정은 가족 문제와 분리해서 명확하게 실행하길 바라며, 납득할 수 없는 이유로 가족들이 기업의 일에 참여하는 것을 원하지 않는다.

③ **임직원** : 기업에서 일하는 피고용인이다. ②의 외부 투자자들과 마찬가지로 기업의 족벌주의를 우려한다. 이들의 최고 관심사는 기업의 미래 전망과 직업의 안정성이다.

④ **오너십을 가진 가족** : 주식이나 지분 등 소유권은 가지고 있지만 기업에서 일하지 않는 가족이다. 이들은 가족으로서 유대감을 느끼며 주주로서도 정당하게 보상받기를 바란다. 기업의 정보도 받기를 원한다. 또 기업에서 일하는 가족들이 얼마나 열심히 일하고 기업에 헌신하는가보다는 자신과 비교해 어떤 혜택과 보상을 더 받는지 궁금해한다. 기업이 성장하기를 바라지만 수익을 재투자하기보다는 배당액을 높이는 데 더 관심이 많다.

⑤ **오너십을 가진 임직원** : 스톡옵션이나 우리사주 등을 통해 주식을 보유하고 있는 임직원들이 여기에 속한다. 다른 임직원과 마찬가지로 직업의 안정성에 관심이 있으며 배당에도 관심을 갖는다.

⑥ **기업에서 일하는 가족** : 소유권 없이 기업에서 일하는 가족으로, 궁극적으로는 오너십을 갖길 원한다. 일반적으로 이들은 ④의 오너십을 가진 가족과 갈등 관계에 놓이기 쉽다. 자신들이 열심히 일한 대가가 오너십을 가진 가족에게 돌아간다고 생각하니 못마땅한 것이다. 배당에 관한 입장도 서로 다르다. 이들은 회사의 장기적인 성장을 위해 수익을 재투자하기를 원한다.

⑦ **최고경영자 및 후계자 후보들** : 대개 최고경영자 즉, 창업자가 여기에 속한다. 지배적인 소유권을 가지고 있으며, 승계와 관련된 모든 의사결정이 그에게 달렸다. 예를 들어 후계자를 선정할 때 그들은 '가족 관계에 문제가 생기더라도 회사를 위해 최선의 선택을 해야 하는가?' 아니면 '가족의 정서를 고려해서 결정해야 하는가?'와 같은 어려운 문제를 겪으며 의사결정을 해야 한다. 여기에 위치한 자녀들은 ①, ④, ⑥번에 위치한 다른 가족들의 관심과 니즈를 모두 가지고 있다. 그러나 이들의 궁극적인 관심은 회사의 경영권을 누가 승계하느냐 하는 것이다. 만일 여러 명의 자녀가 회사에서 일한다면 서로 라이벌 의식을 갖게 되고, 승계와 관련하여 잠재적인 갈등이 증폭될 수밖에 없다.

앞서 소개한 조 회장의 사례를 이 모델에 대입하여 가족들의 입장이 서로 어떻게 다른지 살펴보자.

먼저 조 회장은 ⑦번에 위치하며 가족과 오너십 그리고 최고경영자의 관점이 혼재되어 있다. 가족의 입장에서 보면 그는 가장이자 아버지다. 회사를 통해 자녀들에게 재정적인 도움을 주고 싶지만, 형평성과 가족 위계질서도 무시할 수 없다. 경영자의 입장에서 보면 유능한 자녀에게 기업을 물려주어야 한다고 생각한다. 그러나 이때 경영자로서의 입장과 아버지로서의 입장이 부딪친다. 가족의 위계를 생각하면 큰아들에게 미안하고, 회사를 생각하면 후계자로는 작은아들이 적합하다. 그가 모회사의 사장 자리를 공석으로 두고 작은아들을 부사장으로 임명한 것도 아버지와 경영자로서의 감정이 혼재되어 나타난 결과다. 또 오너십을 가진 입장에서 본다면 아직은 회장으로서 지속적인 권한을 유지하고 싶다. 그래서 살아생전 자식들에게 지분을 전부 넘길 생각이 없다.

그렇다면 이제 ④번에 위치하고 있는 큰아들의 입장은 어떨까. 큰아들은 동생이 후계자로 내정되며 장남으로서 권위를 잃었다고 생각한다. 열심히 일했으나 인정받지 못해 상실감도 크다. 경영권은 아버지의 뜻에 따라 동생이 맡더라도 소유권은 양보할 생각이 없다. 또 3세대인 자녀들까지 고려하면, 자녀들 역시 언제든 회사에 참여할 수 있다고 생각한다.

조 회장과 함께 ⑦번에 위치한 작은아들은 가족의 일원으로서 그리고 후계자로서 아버지가 만들어놓은 기업을 대를 이어 성공적으로 유지해야 한다는 책임감과 중압감이 크다. 그래서 아버지에게 인정받고 더 많은 권한과 책임이 주어지기 바라며, 그런 관점에서 지배적인 오너십이 필요하다고 생각한다. 하지만 아버지가 자신을 모회사의 사장으로 임명하지 않고 형과 지분을 똑같이 나눠주는 등 자신을 전적으로 밀어주지 않아 불만이다. 형과 마찬가지로 자신의 자녀들에게 회사를 맡기고 싶어 한다.

셋째 딸은 지금은 ①번에 위치해 있지만, 상속 시점이 되면 자신도 당연히 지분을 받을 수 있을 것으로 생각한다. 그리고 자신의 자녀들도 나중에 능력이 된다면 회사에서 일할 수 있을 것이라 기대하고 있다.

승계를 전후해서 발생하는 가족 갈등이나 분쟁을 들여다보면 갈등의 원인이 대부분 이 범위를 벗어나지 않는다. 이 갈등은 서로 입장이 달라서 일어나는 문제일 뿐 옳고 그름의 문제가 아니다. 하지만 서로의 입장이 무엇인지, 차이가 어디서 발생하는지 명확하게 알지 못한 채 감정적으로만 판단하고 해결하려고 해서 문제가 커진다. 그런 점에서 3차원 모델은 가족기업에 속해 있는 모든 이해관계자의 관점을 이해하는 데 도움이 된다. 가족기업이 대를 이어 지속 가능한 기업이 되기 위해서는 3차원 시스템 안에서 니즈가 서로 다른 사람들 간의 이해관계를 조정하고 협력을 이끌어낼 수 있는 가족들의 능력이 바탕이 되어야 한다.

이번 3장은 가족기업 3차원 시스템 중 '가족' 시스템에 관한 것이다. 1장에서 각 시스템의 목표와 과제에 대해서 언급했지만, 이 시스템의 핵심 과제는 가족 갈등을 예방하고, 후계자를 잘 양성하여 창업자가 다음 세대로 안정적인 승계를 하는 것이다. 따라서 창업자는 이 3차원 시스템 안에서 니즈가 서로 다른 사람들 간의 이해관계를 조정하고 협력을 이끌어낼 줄 알아야 한다.

가족 갈등을 해소해줄
제도를 만들어라

조 회장 가족들은 서로 다른 이해관계와 니즈를 어떻게 조정하고 건강한 가족관계를 유지할 수 있을까? 조 회장 가족을 컨설팅하며 가족 구성원 개개인을 만나서 각자의 생각을 들어보고 난후, 가족 전체가 모인 가족회의를 열었다. 가족회의에서 가족들은 다른 가족을 비판하기보다는 각자 자신의 생각을 얘기하는 시간을 가졌다. 이를 통해 가족들은 사람들이 각자 자신이 처한 상황에 따라 같은 문제를 서로 다른 관점에서 바라본다는 것, 그리고 이런 현상은 매우 자연스러운 것이며 이를 이해하고 인정하는 것이 가족 갈등을 해결하는 방법의 시작이라는 것을 이해하게 되었다. 가족들은 몇 차례 회의를 통해 주요 의사결정을 했다. 조 회장이 창업한 모기업의 경영은 부사장인 동생이 맡고 자회사는 현재와 같이 형이 맡는다. 단, 향후 지주회사를 만들어 두 회사가 지주회사 밑으로 들어가고 지주회사의 지분은 자녀들이 공동으로 보유한다는 것이다.

그리고 가족들이 대를 이어 계승할 가족의 비전과 가훈, 가족이 지켜야 할 행동규범을 마련했다. 또한 3세대들이 무분별하게 기업에 들어오는 것을 제한하기 위해 형제들이 합의하여 기업 참여 규정 등도 제정했다. 그리고 정기적인 가족회의를 통해 가족의 주요 문제를 논의하고 가족이라는 동질성을 유지하며 가족 갈등을 예방하기 위한 가족헌장을 재정했다.

가업승계를 전후해 자녀들이 회사에서 일하게 되면 가족들 간의 개방적이고 적극적인 의사소통이 무엇보다 중요해진다. 가족들이 원활하게 의사소통을 하는 가장 좋은 방법은 가족회의를 정례화하는 것이다. 가족회의에서 구성원들은 가족과 기업의 비전, 창업 철학이나 핵심 가치, 비즈니스 관련 아이디어뿐만 아니라 가족 각자의 관심이나 현황 등을 공유한다. 이 과정에서 가족들의 갈등은 줄이고 이 모임을 가족 화합의 장으로 만들 수도 있다.

1세대에서 2세대로 승계될 때 가족 규모가 작은 경우라면 협의할 안건이 있을 때마다 수시로 가족회의를 하면 된다. 하지만 3세대 이후 사촌 경영 단계에 접어들면 가족 수가 늘어나기 때문에 임기응변식 대화나 간단한 토론으로는 가족 갈등을 예방하거나 협력 관계를 구축하기 힘들다. 특히 가족 수가 20명을 넘어서면 가족 전체가 모여 모든 일을 협의하기 어려워진다. 이 경우에는 가족 대표로 구성된 가족 위원회를 구성하여 가족 관련 정보를 나누고 주요 의사결정을 하는 것이 바람직하다. 상황에 따라 다르지만 일반적으로 공식적인 가족회의나 가족 위원회는 다음의 8가지 핵심 영역을 포함해 다양한 가족 문제에 관해 토론한다.[1]

가족회의(위원회)에서 다뤄야 할 가족 관련 8가지 핵심 영역

① 가족 공동의 꿈과 비전, 핵심 가치 등

② 가족의 행동 규범

③ 가족의 의사결정 방식과 범위

④ 가족의 고용 규정

⑤ 가족의 갈등 관리

⑥ 가족 공동의 목표 달성을 위해 필요한 지식 습득 및 가족 교육

⑦ 지역 사회에서 가족의 역할

⑧ 가족 간, 세대 간 경험 공유 및 친목 도모

가족고용 규정

후계자 선정에 관한 기준뿐만 아니라 가족 구성원이 기업에 참여하는 데에도 명확한 기준을 세울 필요가 있다. 무능한 경영진을 구성하여 임직원의 신뢰를 떨어뜨리지 않으려면, 후계자 후보로 유력한 가족 구성원들이 회사에 들어오는 기준부터 바로 세워야

한다. 특히 2세대 이상 세대교체를 하게 되면 기업 경영에 참여하는 가족 구성원의 수가 늘어나게 되므로 가급적 3세대가 기업에 참여하기 전에 이런 기준을 명확히 한 가족고용 정책을 마련하여 혼란을 막는 것이 좋다. 가족고용 정책이란 가족이 기업에 참여하는 조건을 미리 협의하고 명문화하는 것을 의미한다.

해외의 성공한 장수 기업들은 대부분 가족고용 정책을 갖고 있다. 이는 유능한 후계자를 확보하고 가족 갈등을 예방하는 데 중요한 역할을 할 뿐만 아니라, 자녀들이 미래를 계획하는 데에도 도움이 된다. 다음은 조 회장 가족들이 함께 만든 가족고용 정책을 요약한 것이다.

1. 가족고용 철학

가족이 회사에서 일하는 것은 가족이 타고난 권리나 의무가 아니며, 가족고용의 결정은 가족보다는 회사의 이익이 최우선으로 고려되어야 한다. 가족들은 일반직원과 동등하게 대우를 받으며, 단지 가족이라는 이유로 최고경영자의 직위를 보장하지 않는다. 가족이라도 회사에 전적으로 기여하지 않는 사람은 회사에 남아 있을 수 없다.

2. 가족고용을 위한 자격기준

- 가족들이 회사에서 근무하려면 대학(학사 또는 이상)을 졸업해야 한다.
- 의무조항은 아니나 회사에 참여하기 전 최소한 3년간 다른 회사에서 경험을 쌓는다.

- 대학에 다니는 동안 회사에서 아르바이트 활동을 할 것을 적극 권장한다.
- 가족의 배우자가 가족기업에서 일하기를 원한다면, 전 가족의 동의를 얻어야 한다.

3. 회사 업무규정 및 보상

- 외부 경험이 없는 경우 밑바닥부터 시작해야 한다.
- 가족들에 대한 보상과 혜택은 각자가 맡은 직위와 책임, 자격과 성과를 기준으로 한다.
- 동일한 직위와 유사한 자격을 가진 임직원과 동일한 급여를 받는다.
- 주식을 보유한 가족도 업무와 관련해서는 업무수행을 기준으로 보상받는다.

장수기업의 비밀, 가족헌장에 있다

13대째 기업을 이어가고 있는 독일의 가족기업 메르크는 그 가문이 최초로 자리 잡은 시골 마을에서 매년 회의를 열며 가족헌장을 재확인하고 통과시킨다. 회의 때마다 여러 안건이 상정되지만, 이 회의의 실질적인 목적은 가문 구성원들에게 자신들은 누구이고 어디서 왔으며 다른 가문과 어떻게 다른지 상기시키는 것이다. 가족들은 헌장에서 정한 대로 가족을 대표할 사람들을 선임한다. 그리고 가족헌장에 명시한 가족고용 규정에 해당하는 사람들만이 이 가문이 운영하는 기업에 참여할 수 있다.[2]

브라이언트 대학 가족기업연구소 소장이자 가족기업 연구의 대가인 윌리엄 오하라William O'Hara 교수는 장수 기업의 공통된 비결을 명문화된 가풍에 있다고 밝혔다. 또한 노스웨스턴 대학 가족기업 연구소의 존 워드John Ward 박사는 "가족헌장은 미래 가족, 기업, 오너십 간의 균형과 안정을 위해 포괄적인 가족의 철학과 원칙, 정책 등을 명백하게 밝혀 놓은 문서"라고 말했다. 가족헌장에는 창업자의 철학뿐만 아니라 미래에 가족들이 겪게 될 다양한 문제들을 해결하는 가이드라인과 절차가 포함되어 있다. 국가에는 헌법이 있고, 기업에는 사규가 있듯이 가족과 기업을 보호하고 가족 관계를 강화하는 데에는 가족헌장이 있다. 특히 가족헌장은 한 가족의 과거, 현재, 미래를 연결한다는 점에서 중요하다. 다음 세대가 가족기업 특유의 정체성을 잃지 않도록 도와주기 때문이다. 가족헌장의 구체적인 조항은 가족과 회사마다 다르지만, 주로 다음과 같은 문제들을 포함한다.

가족 공동의 꿈과 비전, 핵심 가치 · 가족의 소유권 철학 · 가족주주 협약서
가족회의나 가족 위원회 운영 규정 · 이사회, 자문 위원회 등 기업 지배 기구 규정
가업승계 가이드라인 · 가족고용 규정 · 가족과 기업 간의 커뮤니케이션 규정
가족 간의 분쟁 해결 절차 · 가족 간 주식 매매 절차 및 규정 · 가족헌장의 개정에 관한 절차

하지만 가족헌장을 제정하는 것은 결코 쉬운 일이 아니다. 서로 여러 차례 의견을 합의하고 결론을 도출해야 하는 작업이기 때문에 시간이 오래 걸린다. 그래서 어떤 가족들은 변호사에게 작성을 의뢰하기도 하는데, 이런 경우 유용성은 매우 낮다. 그것은 마치 나의 꿈과 미래를 다른 사람이 정해주는 것과 마찬가지이기 때문이다.

가족헌장은 가족의 철학과 원칙을 담는 일이기 때문에 반드시 가족들이 함께 작성하는 것을 권장한다. 가족 규정을 만들 때 가족이 많이 참여할수록 규정을 준수할 가능성은 매우 높아진다. 그 과정에서 가족들은 여러 차례 모여 정보를 교환하고 자신들의 생각을 공유하는 등의 협의 과정을 거치는데 이때 서로 진정한 소통을 할 수 있다. 가족의 커뮤니케이션 능력을 향상시키고 결속력을 강화하는 계기도 되는 것이다.

가족끼리만 참여하는 것이 어렵다면 최초 개발 단계에서 가족기업 전문가의 도움을 받고 주기적으로 변동 사항을 수정, 보완하는 것도 방법이다. 모든 사람들이 서명할 수 있는 실행 가능한 가족헌장을 개발하려면 몇 개월에서 길게는 몇 년이 소요된다. 특히 가족과 기업의 변화를 반영해야 해서 정기적으로 개정도 해야 한다. 이때 가족기업의 구조를 잘 아는 전문가의 도움을 받는다면 좀 더 쉽게 작성해볼 수 있다.

가족헌장은 가족 상황에 따라 매우 짧고 간단하게 작성할 수도 있고 아주 길고 복잡해질 수도 있다. 가족헌장은 소유권의 규정에 관한 주주 협약을 제외하고는 일반적으로 법적 구속력을 갖지 않는다. 이는 가족과 회사에 관한 가이드라인과 원칙을 서술한 강령에 가깝고 도덕적인 책임을 요구한다. 창업자가 아무리 훌륭한 철학과 가치를 가지고 가족과 기업을 이끌어간다고 해도, 가족들이 이를 듣고 보는 것만으로는 충분하지 않다. 그보다는 가족헌장에 창업자의 철학과 가치 그리고 가족 간 분쟁을 예방할 수 있는 다양한 규정 등을 명문화해 현재뿐만 아니라 미래의 가족들까지 가족으로의 동질성을 이어갈 수 있도록 하는 것이 필요하다. 그리고 가족의 화합을 위해 시간을 투자하고 가치를 계승하려는 노력을 게을리하지 말아야 한다. 이런 노력이 있을 때 비로소 창업자의 가치는 세대를 이어 가족과 기업의 DNA로서 계승되는 것이다.

장거리 마라톤과 같은
후계자 훈련

효과적으로 경영권을 승계하는 데 필요한 준비 기간이 몇 년일지 중소기업 경영자들에게 물었다. 이 결과에 따르면 대부분 창업자의 은퇴 시기에 맞춰 5~6년 정도로 짧게 생각한다. 하지만 경영자의 은퇴 시기에 맞춰 고민하는 건 너무 늦다. 가족기업 전문가인 랜스버그 박사는 "승계는 단순히 횃불을 넘기면 되는 일이 아니고, 오랜 시간에 거쳐 만들어지는 과정이다"라고 했다. 존 워드 박사는 "승계는 10~20년에 걸쳐 진행되는 장기 프로세스"라고 했다.

승계는 현재 경영자가 그동안 기업을 경영하며 쌓아온 암묵지와 리더십을 후계자에게 이전하는 복잡하고 긴 프로세스다.[3] 따라서 경영자들은 가업승계를 단순히 창업자가 후계자에게 경영권과 소유권을 이전하는 이벤트가 아니라 일생 동안 준비해야 하는 장거리 마라톤과 같다

는 것을 인식해야 한다.

일반적으로 후계자 개발은 [그림 3-2]처럼 4단계에 따라 진행된다. 1단계는 가정에서 인성과 성품을 길러주는 시기로, 경영자로서의 '떡잎'을 만들어주는 시기다. 또 충분한 대화를 통해 자녀가 정서적으로 기업과 가깝다고 느끼게 해주어야 한다. 2단계는 자녀가 대학을 졸업하고 막 사회생활을 시작한 시기다. 이 시기에는 회사 안팎에서 업무에 필요한 기본 능력과 대인 관계 능력을 키우도록 돕는 게 중요하다. 3단계는 후계자가 기업가 정신과 전략 마인드를 겸비한 경영자로 성장하도록 지원하는 시기이며, 마지막 4단계는 승계가 완료되어 후계자가 본격적으로 경영자 역할을 맡는 시기다. 이 단계가 되면 3세대가 어린 시절로 가정교육을 받으며 새로운 가족의 라이프 사이클 과정이 시작된다.[4]

기업 라이프 사이클마다 경영자가 수행해야 할 과제가 있었던 것처럼, 후계자를 양성할 때도 경영자가 각 단계마다 해결해야 할 과제가 있다. 후계자가 없어 고민하거나, 자녀가 경영자로서 충분한 자질을 갖추지 못해 승계를 못하는 상황을 만들고 싶지 않다면, 자녀가 어렸을 때부터 경영자의 역할이 중요하다. 여기서는 후계자가 어린 시절부터 경영권을 승계받을 때까지 후계자 양성 단계별 특징과 각 단계별로 어떤 준비가 필요한지 체계적으로 살펴볼 것이다.

1단계
올바른 가치관과 인격 형성

"세 살 버릇 여든 간다"라는 속담이 있다. 그만큼 어린 시절의 경험이 중요하다는 뜻이다. 일에 대한 태도나 습관, 인생의 가치관, 인간관계 맺는 법 모두 이때부터 형성된다. 후계자 양성 관점에서 본다면 후계자의 어린 시절, 창업자가 어떻게 양육하고 자녀와 관계를 맺고 다양한 경험을 제공하느냐에 따라 후계자가 경영자가 되고 나서 의사결정을 하는 방식에 직접적인 영향을 미친다.[5] 그래서 가업승계는 아이들이 성인들의 행동을 의식할 때부터 시작된다고 해도 과언이 아니다.

한 창업자는 외아들을 강하게 키우겠다는 명분으로 자녀가 어렸을 때 조금이라도 자신의 눈 밖에 나는 일을 하면 무섭게 야단을 쳤다고 했다. 그 아들은 아버지의 강한 성격에 짓눌려 후계자가 된 지금까지도 아버지 앞에서는 주눅이 든다고 했다. 어린 시절 아버지에게 폭언을 듣고 자란 한 후계자는 아버지 앞에서는 순한 양처럼 행동하지만, 회사 밖 술자리에서는 언어폭력이나 비이성적인 행동을 자주 보였다.

이처럼 후계자가 어렸을 때 아버지에게 무시당하거나 가혹한 양육 방식에 짓눌리게 되면 성인이 되어 경영자가 되었을 때 조직 전체에 부정적인 영향을 끼치게 된다. 조직 구성원들을 무시하거나 비인간적으로 대하는 성향을 가질 확률이 높다.[6]

또 다른 중소기업의 경영자 역시 자녀들이 어렸을 때 함께할 시간이 부족했다. 하지만 자녀들이 중고등학생이 되고 창업 초기보다 시간적 여유가 생기자 방학 때면 함께 해외 전시회에도 가고 출장길에도 동행하게 했다. 특히 비행기 안에서나 호텔에서 함께 지낼 땐 평상시 부족했던 대화를 많이 나누려고 노력했다. 주로 자녀들의 꿈이나 학교생활에 대해 들었고, 자신의 비즈니스 철학이나 회사 운영에 관한 에피소드, 보람에 대해 얘기해주기도 했다. 그는 자녀에게 직접 승계에 대해 얘기하지 않았지만, 그의 자녀들은 해외 유학을 마치고 더 좋은 기회가 있었음에도 아버지의 회사에 들어와 성공적으로 후계 수업을 받고 있다.

연구에 따르면, 성공적으로 기업을 물려받은 자녀들은 어린 시절부터 부모와 좋은 관계를 맺은 경우가 많다. 특히 부모에게 회사 이야기를 듣고 자라거나 회사에서 직접 아르바이트를 하는 등 직간접적으로 회사를 경험하는 것 역시 후계자로 자리매김하는 데 결정적인 영향을 미친다. 따라서 창업자가 승계를 염두에 두고 있다면 어린 시절부터 자녀와 소통하며 올바른 가치관을 정립하는 데 힘써야 한다. 이나모리 가즈오는 "능력과 열의는 0점에서 100점까지 있지만, 사고방식은 마이너스 100점에서 플러스 100점까지 있다"라고 말했다. 아무리 뛰어난 능력을 갖추고 있더라도 사고방식과 그 밑바탕을 이루는 성품이 잘못 형성되면 자기 자신뿐만 아니라 기업도 불행하게 만들 수 있다.

2단계
밑바닥부터 차근차근

자녀가 어렸을 때 부모와 좋은 관계를 유지하며 회사를 직간접적으로 경험했다면, 본격적인 후계자 훈련은 대학을 졸업하고 사회생활을 하면서부터다. 이 시기가 되면 후계자는 대부분 20대 중반에서 30대 초·중반에 이른다. 이때는 후계자가 회사에서 바로 일을 시작하는 것보다는 회사 밖에서 다양한 경험을 쌓는 게 더 중요하다. 일에 관한 기본적인 업무 능력을 기르고 사업에 필요한 대인 관계를 넓힐 수 있어 경영자로 성장하는 데 더 도움이 되기 때문이다.

다른 회사에서 근무해보는 것은 후계자에게 두 가지 긍정적인 의미가 있다.[7] 첫째, 후계자가 물려받게 될 회사보다 큰 규모의 회사에서 근무하는 경우 자신이 경영자가 되고 나서 경험하게 될 기업의 성장 과정을 사전에 그려볼 수 있다. 시스템이 체계적으로 잘 갖추어진 기업에서 일한다면 다양한 관리 시스템을 배울 수 있어서 자신이 경영자가 되었을 때 어느 시점에 어떤 시스템을 적용해야 하는지 통찰력을 기를 수 있다. 이때 배운 시스템을 응용해 본인의 기업에 적용해볼 수도 있을 것이다. 또한 다양한 사람들과 교류함으로써 시야가 넓어지고 인적 네트워크가 확장된다. 이때 잘 맺어둔 인간관계가 나중에 사업을 할 때 중요한 인맥이 될 가능성이 많다. 둘째, 자사 업종 공급망의 상류(원자재, 원천 기술 등)나 하류(서비스, 유통 등)에 해당하는 기업에서 일할 경우, 상품과 서비스만을 생각하는 시각에서 벗어나 거래처, 고객, 사용자 등 이해관계자들의 입장에서 자사의 위치를 돌아볼 수 있게 된다. 이는 거시적인 관점에서 자사의 비즈니스를 넓힐 수 있는 안목을 갖게 될 계기가 된다.

이 시기에 경력을 쌓으며 좋은 성과까지 낸다면 후계자 능력에 대한 내부 임직원의 신뢰도도 높아지게 된다. 그러면 나중에 회사를 물려받기 위해 입사할 때도 직원들의 지지를 받을 수 있게 되어 후계자에게 유리하다. 어떤 측면에서 보면 회사 밖에서의 업무 경험은 후계자에게 필수 과정이다. 최소 3년에서 5년 정도 또는 최소 한 번 이상 승진을 해보는 것이 좋다.

만약 자녀가 해외에서 MBA를 취득하고 돌아왔다 하더라도 다른 회사에서 일한 경험이 없다면 기본 실무부터 익히는 것이 바람직하다. 중소기업은 제품이나 생산에 대한 이해가 없다면 경영자로서 리더십을 발휘하기 어렵다. 창업자들은 창업 초기부터 모든 일을 진두지휘했으므로 현장의 자질구레한 일부터 회사의 모든 일들을 속속들이 잘 알고 있지만 후계자들은 아니다. 그러므로 후계자가 입사하여 처음 할 일은 현장에서 근무하는 것이다. 그것이 어렵다면 현장 분위기와 상황을 알 수 있도록 일정 기간 영업이나 자재 구매 업무를 맡아 제조 현장을 파악할 수 있게 해야 한다. 미시적인 측면만이 아니라 거시적인 부분까지 골고루 알지 못하면 회사를 자유자재로 경영할 수 없다.[8]

물론 특혜가 있어서도 안 된다. 급여나 업무 수행 방식, 업무 범위, 승진 기회 등 모두 다른 직원들과 똑같은 기준이 적용되어야 한다. 그래야만 후계자와 직원들이 상호 존중하며 협력할 수 있다. 일부 중소기업에서는 30대의 자녀가 외국에서 유학했다는 이유로 다른 회사에서 일한 경력이 없는데도 불구하고 부장이나 이사, 기획실장으로 일을 시작하는 경우가 더러 있다. 하지만 실무 경험이 없으면 직원들이 잘 따르지 않는다. 이것은 기업의 규모나 사업 아이템에 상관없이 어느 기업이나 마찬가지다. 많은 전문가들이 이구동성으로 하는 얘기가 있다. 후계자라는 명분으로 조기 승진시키지 말라는 것이다. 직원들의 신뢰도 받고 후계자가 차근차근 단계를 밟으며 성장해나가길 원한다면 회사의 전반적인 업무를 모두 익히도록 평사원으로 시작하여 부서별로 6개월에서 1년간 순환 근무를 해보게 하는 것이 바람직하다.

한 중견 가구 기업의 후계자는 해외에서 MBA를 마치고 자사에 들어왔을 때 맨 처음 발령받은 곳이 생산 현장이었다. 공장에서 일을 시작했을 때 직원들은 그가 후계자라는 것을 알고 많이 불편해했다. 하지만 몇 달간 그가 일반 생산직 직원들과 똑같이 성실하게 일하는 것을 지켜보고 나서 직원들도 하나둘씩 마음을 열었다. 식사 시간이 되면 직원들이 먼저 그에게 다가와 함께 식사를 하자며 다른 동료들과 마찬가지로 편하게 대해주었다. 그 덕분에 그는 직원들과 허물없이 많은 얘기를 나누었고 2년간 현장 상황도 잘 알게 되었다.

이후 각 부서를 돌며 실무 경험을 쌓고 지금은 임원으로 일하고 있다. 그는 생산 현장에서 보낸 2년이 자신이 경험한 가장 귀한 시간이라고 말했다. 생산이나 공정에 대해서 아는 것도 중요하지만 현장에 있는 직원들과 유대감을 느낄 수 있어서다. 그는 "아버지께서 처음 공장에 가라고 했을 때 시키시는 일이니까 그냥 시작했지만, 지금 생각하면 아버지가 왜 그렇게 권하셨는지 충분히 이해합니다"라고 말했다.

구체적인 로드맵 작성

후계자의 리더십과 역량을 체계적으로 개발하려면 후계자가 처음 일을 시작할 때부터 창업자의 은퇴 시점까지 큰 승계 기간을 설정해두고 공식적인 후계자 육성 로드맵을 작성해야 한다. 그러면 후계자도 경영자로서 필요한 자질을 체계적으로 더 많이 개발할 수 있다.

또한 이 과정에서 창업자가 유의해야 할 것은 후계자의 능력이 어느 정도 향상되어 경영자로서의 자질을 갖추었다고 판단되면 그에 따른 적절한 책임과 권한도 함께 주어야 한다는 것이다. 만일 이런 계획 없이 승계가 진행된다면 후계자는 다양한 경험과 도전할 기회가 줄어들고 경영자로 성장하는 것 역시 지연될 수 있다. 후계자 육성 계획을 세울 때 임원들을 참여시키는 것도 좋은 방법이다. 자신들이 존중받는다고 생각해 후계자 개발 과정에 적극 협조할 것이며, 이는 장기적으로 봤을 때 후계자가 자연스럽게 임원진이나 이사회의 신임을 얻게 되어 승계할 때 발생할 이해 갈등도 줄일 수 있다.

강점을 키워주는 최고의 코치

리더십 측면에서 본다면 누구나 강점과 약점이 있게 마련이다. 성공한 부모일수록 자녀들의 강점이나 장점보다는 단점이 훨씬 두드러져 보일 수밖에 없다. 그렇다고 해서 단점만 나무라면 후계자가 성장할 수 없다. 일단 성품이나 자질을 고려하여 자녀가 후계자로 적합하다고 생각해 회사에서 일을 시작하게 했다면 부모인 창업자는 후계자의 리더십 개발을 돕는 코치가 되어야 한다.

미국 위스콘신대학의 긍정심리학 연구원들은 볼링 팀을 2팀으로 선정하여 그들의 경기 모습을 여러 차례 녹화했다. 선수들이 녹화한 테이프를 보며 경기력을 향상시킬 방법을 배우게 하기 위함이었다. 하지만, 이 과정에서 두 팀의 녹화 테이프를 다르게 편집했다. 한 팀에게는 선수들이 공을 도랑에 빠뜨리는 것처럼 실수하는 모습과 스트라이크를 하거나 경기를 잘했을 때의 모습을 동시에 보여줬다. 그리고 다른 한 팀에게는 실수나 잘못한 모습은 삭제하고 경기를 잘하는 모습만 보여주었다. 훈련을 받은 두 팀 모두 이 테이프를 보고 경기력이 향상되었다. 그렇다면 두 팀 중 어느 팀의 경기력이 더 많이 향상되었을까? 예상한 것과 다르게 강점과 단점을 모두 다 보여준 팀보다 장점만을 보여준 팀의 성적이 훨씬 더 많이 향상되었다. 왜 이런 결과가 나왔을까? 단점을 본 선수들은 장점을 강화하면서 한편으로는 자신의 단점을 개선해서 더 완벽한 선수가 되고자 했을 것이다. 그래서 그들은 자신의 단점을 계속 떠올렸고 그것이 오히려 경기 집중력을 떨어뜨렸던 것이다. 그런데 장점만 본 선수들은 자신들이 경기를 잘하던 모습만을 떠올렸기 때문에 그때 받았던 느낌이나 한 행동을 반복하려고 노력하면서 단점도 자연스럽게 개선된 것이다.

과거에는 리더십 훈련을 할 때 단점을 개선하고 약점을 보완하는 것이 좋은 것이라고 여겼다. 하지만 최근 다양한 연구를 보면 단점을 보완하기보다 강점을 부각시키는 것이 더 효과적이라는 결과가 우세하다. 한 예로 부하 직원들의 강점을 강화시키려는 경영자와 약점을 보완해주려는 경영자를 비교했을 때 부하 직원들의 동기 부여 정도는 전자가 73%, 후자가 9%로 엄청난 차이를 보였다고 밝혀졌다.

최고의 성과를 이루어낸 스포츠 선수들 뒤에는 반드시 훌륭한 코치가 있다. 이처럼 창업자도 후계자의 하나 뿐인 코치가 되어야 한다. 후계자가 경영자로서 부족한 부분이 있다면, 그것을 보완해줄 인적 자원이나 시스템을 구축하는 것도 방법이다. 만약 스스로 코치 역할을 하기 어려운 경우, 외부의 전문가와 연계한다면 후계자의 리더십을 개발하는 데 도움이 될 것이다. 또한 자사와 후계자를 잘 아는 다른 회사의 성공한 경영자를 후계자의 멘토로 둔다면 후계자가 그들에게 이상적인 사장의 모습을 배울 수 있을 것이다.

창업자를 위한 코칭의 기술[9]

- 문제를 보았을 때, 그것을 고치려고만 하지 말고 시간을 두고 그것에 관해 얘기하라.
- 후계자와 정기적인 미팅 시간을 갖고 중요한 이슈나 진행 상황에 대해 논의하라.
- 후계자가 어떤 질문을 하거나 자신의 의견을 얘기할 때, 반드시 제시된 주제에 대해서만 대답하고, 다른 문제로 비약하거나 연결하지 마라.
- 위대한 리더는 자신이 이룬 성과보다 후계자의 성공으로 인정을 받는다는 것을 명심하라.

3단계
기업가형 리더로 훈련시켜라

후계자가 회사에 들어와 기본적인 실무를 익히고 나면, 대부분 30대 중후반에서 40대 초반 정도가 된다. 이때는 중견 간부나 임원이 되어 있을 확률이 높고 창업자는 60~70대에 이른다. 이 시기에 후계자들은 회사의 이러저러한 사정에 대해 잘 알고 있다. 그리고 경영자에게 필요한 권력과 권위도 갖게 된다.

권력power과 권위authority에는 차이가 있다. 권력이란 다른 사람에게 영향력을 행사할 수 있는 힘을 말한다. 권위는 어떤 사람이 갖고 있는 권력의 정당성을 인정받을 때 얻어진다. 후계자는 오너의 가족이라는 것만으로도 기업에서 권력을 가질 수 있다. 그러나 기업을 효과적으로 운영하려면 권력보단 권위가 필요하다. 하지만 이 권위는 거저 주어지지 않는다. 임직원이나 다른 사람들에게 인정받으려면 다양한 경험을 통해 얻은 지식, 다른 회사에서 성공한 경험, 지역 사회에서 리더십을 발휘한 경력, 고객의 니즈에 대한 철저한 이해 등 많은 것이 필요하다.[10]

후계자가 직원들에게 인정받고 권위를 얻으려면 평균 5년이 걸린다고 한다. 어떤 후계자는 10년 정도가 걸렸다고 했다. 그러므로 성급하게 권위와 신뢰를 얻으려 하지 말고 오랜 시간 다양한 경험을 쌓으며 경영자로서 역량을 갖추는 데 집중해야 한다. 특히 2단계에서 후계자가 관리자로서의 역량을 어느 정도 갖췄다면 이제는 리더로서의 자질을 갖추기 위해 노력해야 한다. 관리자와 리더는 엄연히 다르다. 관리자는 자신에게 주어진 목표를 달성하는 것이지만 리더는 변화하는 환경에서 주도적으로 조직을 이끌어간다.

수년 전 자녀에게 회사를 맡기고 은퇴한 한 창업자는 '사람은 자신의 능력보다 버거운 일에 도전할 때 더 크게 성장한다'는 신념을 가지고 있었다. 그래서 "후계자가 사업가로 크려면 실수를 하더라도 직접 의사결정하고 일을 추진해보는 경험을 해보아야 한다"라고 말했다. 그는 후계자에게 크고 작은 일들을 맡겨 스스로 의사결정을 내리게 했고

관리자형 리더	기업가형 리더
• 현재에 중점을 둔다.	• 미래에 중점을 둔다.
• 안전성을 선호하는 행정가이다.	• 변화를 환영하는 혁신가다.
• 단기 지향적이다.	• 장기 지향적이다.
• 세부적인 계획과 일정을 개발한다.	• 비전과 전략을 개발한다.
• '무엇'과 '어떻게'로 리드한다.	• '왜' 그리고 '무엇'으로 리드한다.
• 통제에 의존한다.	• 신뢰를 바탕으로 위임한다.
• 복잡한 문제를 해결하는 것을 좋아한다.	• 단순화시키는 것을 선호한다.
• 이성적인 사고를 사용한다.	• 직관을 신뢰한다.
• 단순 시스템 구조에 중점을 둔다.	• 철학, 핵심 가치, 공동의 목표를 가진다.

출처 : Kets de Vries, *Les Cahiers du Management-Les nouvelles lois de leadership*, 2003.

[표 3-1] 관리자와 리더의 차이

때로는 의도적으로 위기를 조장하여 후계자의 능력 이상의 것을 맡기기도 했다.

　지금 그 창업자는 은퇴했지만 후계자가 회사를 맡고 나서 제2의 도약을 하고 있다. 사람은 누구나 실수를 통해 배운다. 실수나 실패를 비난한다면 후계자는 도전을 두려워하고 창업자에게 의존하게 되어 경영자로서의 역량을 키울 수 있는 기회를 잃게 된다. 성공한 경영자들은 후계자들이 실수와 실패를 통해 더 많은 것을 배우고 성장할 수 있다는 것을 알고 있다. 창업자 자신이 해왔던 것처럼 후계자 역시 어떤 일이든 스스로 부딪쳐보게 하라. 실패를 두려워하지 않도록 단련시키는 것만으로도 큰 성과다.

전략 기획 주도

경영자의 가장 중요한 역할 중 하나는 의사결정을 하는 것이다. 의사결정이란 어떤 문제나 목표에 대하여 바람직한 결과를 이끌어내도록 여러 가지 대안을 탐색하고 그중에서 가장 유리한 대안을 선택하는 과정이다. 기업의 의사결정 유형은 [그림 3-3]처럼 계층에 따라 전략적 의사결정strategic decision, 관리적 의사결정administrative decision, 실무적 의사결정operating decision으로 구분되며, 각 계층별로 요구되는 의사결정 수준은 각각 차이가 있다.

초급 관리자들에게는 주로 실무와 관련된 의사결정(C)이 요구되지만, 중간 관리자로 올라갈수록 실무적 의사결정보다는 관리적 의사결정(B)이 더 많이 요구된다. 그리고 경영관리층이 되면 관리나 실무는 위임하고 전략적 의사결정에 더 큰 비중을 두어야 한다. 만일 최고경영자가 전략적 의사결정보다 관리적 의사결정에 더 집중한다면 기업의 성장은 한계에 이르게 된다.

후계자들이 회사에 들어와 중간 관리자를 거쳐 임원이 되면 이제 기업가 정신과 함께 전략적 사고 능력을 갖추어야 한다. 전략적 사고란 기업의 비전과 목적을 달성하기 위해 자사, 경쟁사, 고객, 시장 등의 전략적 요소를 분석하여 최적의 대안을 모색하는 것을 말한다. 사업 전반에 대해 생각하고 조직에 영향을 미치는 외적인 요인과 그 영향력을 분석하며 새로운 관점에서 문제를 보고 해결책을 찾아야 한다. 관리자의 주된 일이 경영 목표를 달성하기 위해 자신에게 분배된 자원을 최적화

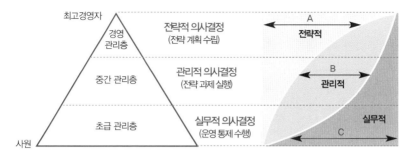

[그림 3-3] 계층별 의사결정 유형

전략적 의사결정	기업의 내부 문제보다는 주로 외부 환경의 변화에 기업이 어떻게 적응하며 대응할 것인가에 관한 의사결정으로, 기업의 신규 사업 진출, 해외 진출, 신제품 개발 및 사업 다각화 등 복잡하고 중요한 장기적인 의사결정
관리적 의사결정	기업의 전략 계획에 의해 수립된 목표를 실행하기 위한 의사결정으로 기업 내부의 조직을 구축하고, 전략 실행에 필요한 인적 자원, 설비, 기술, 자본 등 자원을 조달하거나 개발하는 것 등에 관한 중기적인 의사결정
실무적 의사결정	일상적인 업무의 효율성을 극대화하기 위해 필요한 실무적 의사결정으로 제품의 품질 개선, 재고 처리 방안, 매출 채권 회수, 통상적 구매 행위 등의 단순하고 단기적인 의사결정

하는 일이라면, 경영자는 조직원들에게 명확한 비전을 제시하고 동기 부여를 통해 어떤 한 방향을 향해 전진해 나가도록 이끌어야 한다.

급속하게 변하는 기업 환경과 불확실성으로 인해 최고경영자의 전략적 역할이 중요한 화두로 떠올랐다. 특히 승계를 앞둔 기업들은 성숙기에 접어든 경우가 많아 어느 때보다 전략적 변신이 필요한 시기다. 그러므로 미래 기업을 책임질 후계자는 기업가 정신과 전략적 마인드로 무장한 전문경영자로 육성되어야 한다. 그렇다면 어떻게 전략적 사고 능력과 리더십을 개발할 수 있을까? 가장 효과적인 방법은 후계자들을 전략 기획Strategic Planning에 참여시키거나 직접 전략 기획 과정을 주도하도록 하는 것이다.[11]

전략 기획이란 미래에 대한 분명한 비전을 가지고 기업의 목표를 설정하고 그것을 효과적으로 달성하기 위한 최적안을 선택하고 실행하는 경영 활동이다. 전략 기획에 있어 가장 중요한 4대 요소는 비전과 미션, 핵심 가치 그리고 비전을 달성하기 위한 전략이다.

다시 말하면, "우리 회사의 현재의 위치는 어디인가?", "미래의 우리 회사는 어디에 있을 것인가?" 그리고 "어떻게 우리가 원하는 미래에 도달할 것인가?"라는 질문에 대한 답을 찾고 그것을 실행해 가는 과정이라고 할 수 있다. 전략 기획의 프로세스를 요약해 보면 [그림 3-4]와 같다.

전략 기획의 첫 번째 단계는 환경, 산업, 트렌드, 비즈니스 모델 등을 점검하여 기업의 현 위치를 평가하는 것이다. 두 번째 단계에서는 기업의 정신에 해당되는 핵심 가치와 기업의 목적을 확고히 하고, 기업이 가고자 하는 미래의 비전을 수립한다. 세 번째 단계에서는 비전을 이루는 데 필요한 목표를 구체화하고 실행 전략을 도출해야 한다. 마지막으로 네 번째 단계에서는 전략 수행을 위한 구체적인 실행 계획을 세워 실천하며 지속적으로 진행 상황을 점검하고 업데이트해나가는 것이다.

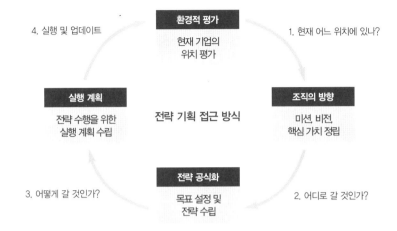

환경적 평가
현재 기업의
위치 평가

4. 실행 및 업데이트

1. 현재 어느 위치에 있나?

실행 계획
전략 수행을 위한
실행 계획 수립

전략 기획 접근 방식

조직의 방향
미션, 비전
핵심 가치 정립

3. 어떻게 갈 것인가?

전략 공식화
목표 설정 및
전략 수립

2. 어디로 갈 것인가?

[그림 3-4] 전략 기획 프로세스

후계자가 이 과정에 참여하거나 전 과정을 주도한다면 전략적 마인드를 갖는 데 도움이 될 뿐만 아니라 교육적 효과와 관계적 효과까지도 얻을 수 있다.[12] 교육적 효과는 전략 기획 과정에서 기업을 둘러싼 환경과 산업에 관한 지식을 얻고 사업 감각을 익힐 수 있다는 것이다. 회사의 각 기능을 유기적으로 볼 수 있는 역량과 의사결정 능력을 연마할 수 있는 경험을 쌓을 수 있어 좋다. 관계적 효과는 창업자와 임직원이 함께 전략 과정에 참여하기 때문에 서로 유대 관계가 깊어지고 외부 네트워크 관계를 개발할 수 있다. 기업 내부에서 후계자에 대한 신뢰와 정당성을 높일 수 있는 것도 장점이다.

후계자 선정 원칙 공유

한 중견기업의 후계자인 강 전무는 창업자이자 아버지인 강 회장이 호출하면 "또 뭐가 잘못되었나?" 하고 긴장한다. 모든 일에 철저하고 까다로운 강 회장 눈높이를 맞추는 것이 쉽지 않기 때문이다. 강 전무는 대학을 졸업하고 대기업에 다니다 30대 초반에 회사에 들어왔다. 10년 가까이 일했지만 부친에게 잘했다고 칭찬받은 기억은 거의 없다. 그보다는 실수하면 강 회장의 불호령이 떨어져서 난감했던 적이 더 많았다. 그래서 점점 자신감이 떨어지고 마음 한구석엔 강 회장에 대한 원망과 불만이 쌓여 있다. 얼마 전 회사에 들어온 동생과 비교되는 것 같아 은근히 신경 쓰인다. 동생은 유학하고 돌아와 회사 일을 시작했는데, 현지에서 몇 년간 일한 경력도 있어 아버지의 신임을 받고 있다. 그럴수록 강 전무는 뭔가를 보여줘야만 할 것 같은 강박에 사로잡혔다. 특히 강 회장이 서열 순이 아닌 유능한 자식에게 회사를 물려주겠다고 공공연하게 얘기하니 그의 불안감과 초조함은 오죽할까.

그렇다면 강 회장은 속마음은 무엇일까? 사실 그는 두 아들 모두 못마땅하다고 했다. 자신은 빈손으로 시작해 죽을힘으로 지금까지 회사를 이만큼 일구어놨는데, 자식들은 일류 대학을 나와 미국 명문대 MBA까지 마쳤는데도 기업가 정신이 약하고 리더십도 부족하다는 것이다. 그래서 두 아들 중 누구를 믿고 회사를 넘겨줘야 하나, 불안하다고 했다.

후계자가 경영자로서의 역량을 갖추는 것이 가장 중요하지만, 다른 가족이나 임직원들이 선정된 후계자를 인정하도록 후계자 선정과 관련해 공정하고 명확한 기준을 설정하는 것 또한 중요하다. 1명의 자녀가 후계자로 일하고 있다면 문제가 없지만, 2~3명의 자녀가 회사에서 함께 일하는 경우 누가 후계자가 되어야 하는가는 결코 쉬운 문제가 아니다. 그동안 한국에서는 장자 우선주의 때문에 성별이나 출생 순서로 후계자를 선정하는 경우가 많았다. 장남이 아닌 다른 자녀가 승계하는 경우도 적지 않지만, 이는 비교적 최근의 일이다. 잠정적 후계자인 자녀들 입장에서도 대개 후계자 선정 기준이 무엇인지, 언제 어떤 방식으로 선정되는지 모르기 때문에 부모 눈치만 살피는 경우가 허다하다. 이런 불확실한 상황이 오래 지속되다 보면 경영권을 놓고 형제나 부자 간 갈등이 생기게 된다.

부모들이 후계자 선정 문제를 미루거나 회피하는 이유는 자녀 중 누구를 선택하더라도 선택받지 못한 자녀들이 원망하거나 섭섭할까 봐 걱정되기 때문이다. 그러나 후계자 선정 문제는 이런 감정적이거나 개인적인 관점으로 접근해서는 안 된다. 기업의 존폐를 결정하는 가장 중요한 요소 가운데 하나인 만큼 기업 내부에서 모두 인정하도록 최대한 객관적이고 합리적이어야 한다. 따라서 창업자 혼자 결정하는 것보다 승계위원회를 구성하여 가족, 이사회, 경영진 등이 함께 의견을 모아 결정하는 것이 좋다. 승계 진행 일정, 후계자 선정 기준 등 모든 내용에 대해 협의가 필요하다.

그렇다면 후계자를 선정할 때 모두가 납득할 만한 선정 기준은 무엇일까? 어떤 요소를 통해 후계자의 능력을 평가해야 할까? 기업마다 중요하게 여기는 점이 다 다를 테지만 기본적으로 아래 6가지 능력을 검증할 필요가 있다.

1. 사업에 관한 의사결정 능력이 있는가?
2. 임직원과의 관계 관리 능력이 있는가?
3. 사업을 발전시키고 기업의 명성을 지킬 능력이 있는가?
4. 리더십이 있는가?
5. 회사에 헌신할 자세가 되어 있는가?
6. 대인 관계 관리 능력이 있는가?

4단계
과감하게 넘겨라

가족기업 전문가들은 가업승계를 릴레이 경주에 비유한다. 아무리 뛰어난 선수라도 경주에서 이기려면 바통을 제대로 주고받아야 한다. 만일 어설프게 쥐다가 놓치기라도 하면 승리는 물 건너가고 만다. 이와 마찬가지로 가업승계에서도 경영자가 후계자에게 바통을 잘 넘기는 기술이 필요하다. 즉, 후계자가 훈련을 통해 경영자로서 역량을 갖추게 되면, 단계적으로 경영자의 권한과 책임도 위임해야 한다. 이전 단계까지 승계가 원활하게 진행되었음에도 많은 기업들

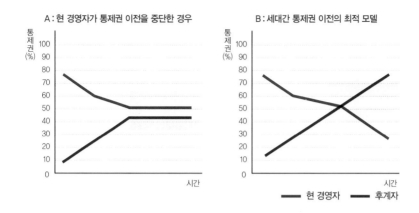

A : 현 경영자가 통제권 이전을 중단한 경우

통제권(%)

B : 세대간 통제권 이전의 최적 모델

통제권(%)

시간

시간

현 경영자　　후계자

[그림 3-5] 세대 간 통제권 이전의 2가지 유형

이 이 단계에서 바통을 떨어뜨리거나, 넘기지 않고 계속 쥐고 있는 실수를 범한다.

[그림 3-5]의 왼쪽 그래프와 같이 후계자에게 일부 권력만 위임하고 창업자 스스로 경영권을 계속 유지하려고 하면 둘 사이에 갈등이 생긴다.[13] 어떤 기업은 후계자가 사장이 되었는데도 아버지가 권력을 이양하지 않자 급기야 후계자가 사표를 내는 일이 벌어졌다. 그러자 아버지는 아들을 만류했고, 아버지가 회사를 떠나는 조건으로 아들이 다시 회사를 맡아 경영하고 있다. 반대로 성공적으로 승계가 이루어지는 기업들의 경우 [그림 3-5]의 오른쪽과 같이 창업자가 후계자의 성장 단계에 따라 자신의 통제권을 줄여나가다가 후계자에게 경영권을 넘기고 회사를 떠난다. 그러나 경영권을 이전했다고 해서 기업에서 완전히 퇴진하라는 뜻은 아니다. 그보다는 후계자의 멘토나 조언자로 역할을 전환하

후계자 개발을 위한 체크 리스트

☐ 후계자는 외부에서 보람 있는 경험을 하였는가?

☐ 후계자 개발을 위한 로드맵과 리더십 개발 계획이 준비되어 있는가?

☐ 부모 이외의 누군가가 후계자를 가르치고 멘토링을 하는가?

☐ 후계자는 기업에서 독자적인 의사결정 을 하고 뚜렷한 공헌을 할 기회가 있는가?

☐ 후계자는 회사에 유용한 기술과 가치관에 대해 기업 안팎에서 배우고 있는가?

☐ 창업자는 후계자에게 계속해서 기업의 역사나 철학, 전략에 대해 가르치는가?

☐ 후계자는 외부에서 리더십을 발휘하여 존경받을 기회가 있는가?

☐ 후계자는 업무를 합리적으로 수행할 능력을 개발하였는가?

☐ 후계자는 다른 가족기업의 후계자들과 함께 관심을 공유하고 있는가?

출처 : 크레이그 아라노프, 《가족기업의 승계전략》, 명경사, 2000.

란 뜻이다. 단, 전제 조건이 하나 있다. 후계자가 필요성을 느끼고 창업자의 경험이나 지혜를 얻고자 자발적으로 요청하기 전까지는 조언하지 않아야 한다는 것이다. 요청을 하기도 전에 조언한다면 참견이 된다.

가업승계에 성공한 후계자들은 자신이 사장이 되었을 때 부친이 전적으로 회사를 맡겼던 것이 성공의 비결이라고 말한다. 어떤 2세 경영자는 부친이 신뢰하고 회사를 맡기자 스스로 의사결정을 해야 한다는 부담 때문에 책도 더 많이 보고 배울 기회가 있다면 어디든 달려가는 등 맡은 책임을 다하기 위해 최선을 다했고 했다.

피터 드러커는 "위대한 영웅인 CEO가 치러야 할 마지막 시험은 얼마나 후계자를 잘 선택하느냐와, 그의 후계자가 회사를 잘 경영할 수 있도록 양보할 수 있느냐 하는 것이다"라고 했다.

지금까지 4단계에 거쳐 어떻게 후계자를 양성해야 하는지 살펴보았다. 178쪽 표는 후계자 개발에 필요한 항목들을 정리한 체크 리스트다. 현재 후계자를 키우는 데 어떤 것들을 준비했고, 무엇을 더 준비해야 하는지 꼼꼼하게 살펴보자.

당신은 어떤 리더인가?

20~30년 넘게 기업을 성공적으로 이끌어온 경영자들에게는 공통점이 있다. 자신의 강점은 높게 평가하고 약점은 낮게 평가하는 것이다. 특히 크게 성공한 사람일수록 성공 방정식을 깨기란 쉽지 않다. 그래서 이들이 후계자를 평가하는 기준도 자신의 과거 성공 방식에 따를 확률이 높고, 후계자들이 이 방식을 따라주길 바란다.

문제는 바로 여기에서 시작된다. 창업자와 환경 조건이 다른데 동일한 경험치를 기대하는 것 자체가 무리다. 후계자에 대한 기대가 높다고 다그치기보다 이해하고 독려하여 후계자의 능력을 이끌어내는 것이 핵심인데, 말처럼 쉽지만은 않다. 제프리 소넨필드Jeffrey Sonnenfeld는 경영자들의 유형을 크게 군주형, 장군형, 대사형, 주지사형 4가지로 분류했다.[14] 경영자들의 리더십 유형에 따라 승계 문제를 대하는 태도부터 경영 방식, 은퇴 방법까지 모두 다르다. 그리고 이것이 승계의 성공과 실패에 결정적인 영향을 미친다. 당신은 어떤 유형의 경영자인가? 원

만한 세대교체를 원하는 경영자라면 자신의 리더십 유형을 파악해보는 것이 가업승계를 준비하는 데 도움이 될 것이다.

군주형 리더

"왕관을 쓰고 죽는다"라는 말이 있다. 군주가 일생 동안 국가를 통치한다고 해서 나온 말이다. 그들에게 은퇴 규정 같은 건 없다. 매일 회사에 출근해 업무를 처리하며 누구도 자신을 대신할 수 없다고 생각한다. 승계에 대해서도 공개적으로 이야기하지 않을 뿐 아니라 자신의 은퇴 시기나 경영권 이전 기한을 정해 놓는 일도 거의 없다. 군주형 리더의 특징은 특히 가족기업의 경영자들에게 많이 나타난다. 크게 성공한 창업자일수록 여기에 해당되는 경우가 더 많다.

군주형 리더의 후계자들은 회사에서 자신의 잠재력을 발휘하고 최고경영자가 되기 어렵다. 선대 경영자에 대한 의존도도 높을 뿐더러 일단 실질적인 권한이 없다는 게 가장 큰 문제다. 군주형 리더가 세상을 떠나면 그동안 군주에게 억눌려 있던 사람들의 탐욕과 많은 문제들이 한꺼번에 터져 나와 평생 또는 몇 세대 동안 이루어놓은 것들이 불과 몇 년 또는 몇 개월 만에 파괴되기도 한다.

장군형 리더

규칙에 따라 은퇴를 계획한다는 점에서 군주형 리더와는 조금 다르다. 그러나 실제로는 회사를 떠나고 싶어 하지 않고 언제든 다시 돌아올 기회를 엿보며 오래도록 기업 운영에 관여하려고 한다는 점에서는 비슷하다. 장군형 리더는 후계자의 리더십을 개발하고 자질을 키워주는 일에는 소극적이며, 승계 후에도 회사에 위급 상황이 발생하거나 후계자가 감당하기 어려운 일이 생기면 언제든 다시 회사로 돌아온다.

결과적으로 장군형 리더 역시 후계자의 자율성을 약화시키고 무기력하게 만들기 때문에 세대 갈등을 야기할 수 있다. 가족기업 경영자 중에는 군주형 못지않게 장군형도 많다. 군주형이나 장군형 리더가 가진 '독단'이란 단점을 극복하는 가장 좋은 방법은 이사회나 자문위원회를 구성하여 객관적이고 공정한 절차에 따라 승계를 진행하는 것이다.

대사형 리더

앞의 두 유형과 달리 대사형 리더는 사전에 계획한 어느 시점에 이르면 후계자에게 경영권을 넘기고 회사를 떠난다. 은퇴하고 나면 회사 일에 직접적으로 관여하지 않고 대외적인 일이나 후계자의 멘토 역할만 한다. 회사 공식 행사나 자선 단체 활동 등 외부 활동을 함으로써 창업주로서의 좋은 이미지를 유지하거나 인맥을 형성·유지하면서 후계자를 위해 길을 열어준다. 그들은 후계자가 기업을 맡을 자질을 갖출 때까지 비즈니스를 철저하게 배우도록 지도하며, 동시에 천천히 자신의 은퇴를 준비한다. 이런 대사형 리더 유형은 기업이나 후계자 입장에서 봤을 때 가장 이상적이다.

주지사형 리더

가족기업 경영자들 중에 승계 기한을 정해놓고 회사를 떠나는 비율은 5%가 채 안 된다. 이 5%에 해당하는 보기 드문 유형이 바로 주지사형 리더다. 이들은 정해진 기간 안에 권한을 일임한다는 목표를 세우고 계획을 충실히 따른다. 철저한 승계 계획의 중요성을 인지하고 있으며, 후계자, 핵심 임직원, 고객들과 함께 협력하여 승계를 준비한다.

이들은 회사를 떠나면 회사와 거의 접촉하지 않고 새로운 일을 시작함으로써 에너지를 찾는다. 이런 유형의 리더를 둔 후계자 역시 대사형 리더 유형처럼 체계적으로 경영 수업을 받는다. 하지만 이 유형의 경우 승계하고 나서 경영자가 회사와 거의 접촉하지 않기 때문에 후계자가 어려움에 닥치면 스스로 책임져야 하는 부담감이 클 수 있다.

리더십 유형을 두고, 본질적으로 어떤 것이 좋고 어떤 것은 나쁘다는 섣부른 판단은 위험하다. 가령 한 기업이 초기 단계에서 어려움을 극복하고 성장하려면 군주형이나 장군형 리더가 지닌 특유의 불굴의 의지와 열정, 인내가 필요하기 때문이다. 다만 이런 스타일은 은퇴를 하고 후계자에게 기업을 물려주려는 시점이 되었을 때 승계를 방해하는 요소가 될 수 있다는 것을 이야기하고 싶다. 자신의 리더십 스타일 때문에 평생을 바쳐 일군 기업이 어려움에 처하거나 극단적인 경우 파멸에 이른다면 얼마나 안타까운 일인가?

동신유압 :
세대교체에 이은 화려한 재도약

처음 김 사장을 만났을 때, 그는 매우 밝은 표정이었다. 그는 중국에서 자사 제품이 호평을 받았다고 했다. 지난 5년간 노력한 것을 보상받은 것 같다며 직원들과 함께 감격스러운 시간을 보냈다고도 했다. 그의 회사 제품은 성능과 내구성면에서 유럽 및 일본 제품과 같은 세계적인 수준으로 인정받았고 가격 경쟁력은 그보다 앞섰다는 평을 받았다. 이는 그가 2011년 회사를 맡고 나서 사운을 걸고 매달려온 기술 혁신의 결과물이기도 했다.

동신유압은 1967년 부산에서 창업한 사출성형기 제조 회사다. 창업자인 김 회장은 20대 때 이 회사를 창업해 지난 50년 동안 사출성형기제조라는 외길을 걸어왔다. 그렇다고 이 회사가 50년 동안 안정적인 성장을 이어온 것은 아니다. 1997년 IMF 때는 수출 덕분에 환율 차이로 호황을 누리기도 했지만, 2000년대 들어 중국산 저가 제품의 공세에 점점 경쟁력을 잃기 시작하면서 2008년에는 매출이 반 토막 났다. 전체 직원의 40% 정도 되는 100여 명의 직원을 희망퇴직으로 내보내야 했고, 문을 닫을 위기에 놓이기도 했다. 당시 임직원들 사이에서는 "우리도 중국산 부품을 떼어다 조립하자"라거나 "사출성형기 사업은 이제 끝났으니 다른 사업으로 눈을 돌려야 한다"라는 주장도 있었다. 하지만 창업자는 '한 우물 경영'만이 중소기업의 유일한 생존 방안이라고 판단해 품질 개선에 힘쓰며 어려운 시기를 버텼다. 다행히 2010년 베트남에 공장을 짓던 삼성전자가 대량 주문을 하면서 회사는 기적처럼 살아났다.

2011년, 김 회장의 뒤를 이어 후계자인 김병구 대표이사가 취임했다. 그는 최고경영자가 되고 나서 가장 먼저 목표 설정을 했다. 중국산 제품과 저가 경쟁을 하지 않고 품질을 세계 수준으로 끌어올려 더 넓은 시장으로 진출하는 것이었다. 하지만 가장 먼저 직원들의 저항에 부딪쳤다. 직원들은 "우리가 어떻게 독일, 일본 등과 경쟁할 정도로 좋은 제품을 만들어 낼 수 있겠느냐?"며 서로 안 된다고 했다. 그는 직원들의 의견에 귀를 기울였다. 기계가 낡고 성능이 떨어져서 안 된다고 하면 최고 성능의 기계로 교체해주는 등 비용을 지불해서라도 문제를 개선하려고 노력했다.

그는 품질 개선을 위해 직원 157명 중 20%가 넘는 30여 명을 연구 개발 인력으로 채웠다. 자체 교육 기관인 동신 아카데미를 운영하여 직원들의 능력 향상에 힘썼다. 그렇게 '세계 최고의 제품을 만들어 글로벌 시장에 도전하겠다'는 자신의 신념을 끊임없이 직원들에게 행동으로 보여주었다. 그러자 직원들도 "우리도 할 수 있다", "한번 해보자"

라며 변하기 시작했다. 직원 모두 한마음이 되어 '그동안 우리가 무엇을 무시했는가?', '우리가 무엇을 잘 몰랐는가?'에 관해 토론하고 연구하고 실험했다. 그리고 사람에게 전적으로 의존하던 기존의 방식에서 탈피해 모든 기술적 노하우를 문서화해 기술과 데이터를 축적하는 방식으로 전환했다.

이렇게 5년간 수많은 시행착오를 겪은 끝에 드디어 9개의 전략 모델을 개발했고 중국 전시회에 출품하여 좋은 성과를 거둔 것이다. 덕분에 김 사장은 세계 시장으로 진출할 새로운 도약의 발판을 마련함과 동시에 아버지가 지난 50년 가까이 이루지 못한 세계 수준의 제품을 만들고 싶다는 꿈을 이루었다.

김 대표가 동신유압에 입사한 것은 1993년이다. 유학을 다녀와 20대 후반 서울에서 대기업에 다닐 때, 아버지가 건강이 안 좋으니 회사에 들어와 일을 하라는 얘기를 듣고 부산으로 내려와 평사원으로 일을 시작했다. 직원들과 같은 조건으로 사원부터 시작해 대리, 과장 등 수순대로 훈련받고 승진했다. 처음에는 자재부에서 일을 시작해 공장과 긴밀하게 소통하며 제조 현장을 익혔고, 그다음은 영업부 책임자로 일하며 고객과의 접점에서 일했다. 그는 고객이 자주 하는 질문이나 불만 사례 등을 파악해서 공장과 연구직 직원들과 머리를 맞대고 소비자의 관점에서 제품을 개선하려고 노력했다. 그는 이때의 경험이 시장의 트렌드를 읽고 기술 혁신을 이끄는 데 힘이 되었다고 했다.

지난 18년의 시간은 그에게는 배움의 연속이었다. 회사에서 영업,

관리, 기계 설계와 생산 등 모든 분야를 처음부터 하나하나 배웠고, 어학과 인문학적 소양을 갖추려고도 노력했다. 필요하다면 어디로든, 누구에게든 배우기 위해 발품을 팔았다. 야간 대학에서 컴퓨터공학과 경영학 등 2개의 석사학위를 받았고, 경영학 박사과정까지 밟으며 공부했다.

김 회장은 그 시절 보통 아버지들과 마찬가지로 엄한 아버지였다. 하지만 기업을 운영하는 모습만큼은 대쪽 같고 부끄러운 일을 하지 않았다. 가족들과 식사를 할 때도 한 번도 법인카드를 쓰지 않았고, 회사가 한창 잘나가던 성장기에도 오래된 차를 타고 다닐 정도로 검소한 모습을 보여주었다. 김 사장은 어려서부터 그런 아버지를 보고 자라며 존경심을 품었다.

김 회장의 회사가 2000년대 중반부터 만성 적자에 시달리자 2009년 김 사장은 아버지에게 한 가지 중대한 제안을 했다. 이미 만성 적자로 회사의 가치도 많이 떨어졌고, 미래도 불투명하니 자신이 전적으로 회사를 맡아 경영해보겠다는 것이었다. 처음 김 회장은 아들의 당돌한 제안에 당황했지만 이내 가족회의를 열어 자녀들과 협의해 회사의 지분 관계를 정리했다. 회사를 분리해 두 형제가 하나씩 맡기로 하고 두 딸에게는 부친의 개인 재산을 남겨주기로 했다. 그때 김 사장이 맡은 회사가 지금의 동신유압이다. 그는 입사 18년 만에 대표이사 자리에 올랐다. 이후 김 사장은 회사의 재도약을 위해 자신의 모든 노력과 열정을 쏟아부었다.

김 사장이 회사를 맡고 나서 기술 개발과 함께 가장 역점을 두었던 것은 '신나는 일터' 만들기다. '중소기업에서 쓸 만한 사람이 없다고 하지 말고, 지금 몸담고 있는 직원들에게 동기 부여 하고 교육하면 충분히 인재로 만들 수 있다'는 것이 그의 지론이다. 그래서 각 부서장의 권한을 강화하고 부서원들의 연봉부터 승진, 성과급, 인사고과까지 평가·관리하도록 했다. 그가 도입한 '3·3·3 제도'는 회사 순이익을 성과급, 회사 유보, 배당 등으로 3분의 1씩 배분하는 것이다. 수익의 3분의 1을 성과급으로 돌려주자 스스로 일하는 분위기가 더욱 고조되었고 일부 직원은 1년에 1000만 원이 넘는 보너스를 받은 적도 있다. 단, 직원간의 이기주의를 양산할 수 있는 상대 평가는 철저히 배제하고 누구나 노력하면 도달할 수 있는 객관적 기준을 정해놓고 절대 평가를 했다. 불량률이 줄어들었고 회사 생산성과 매출액이 매년 30% 이상 껑충 뛰었다.

그의 경영철학의 핵심은 첫째가 진선미 경영이다. 진은 최고의 품질, 선은 착한 가격, 미는 아름다운 디자인을 의미한다. 그리고 '4관 5려'로 이름 붙인 경영 방침으로 직원들과 교류의 폭을 넓혔다. 4관은 관심과 관찰, 관점 및 관계를 뜻하며 3려는 독려와 격려, 배려를 의미한다. 이를 행동으로 연계시키기 위해 다양한 제도를 마련하고, 이를 성과 평가와 연계해 강한 기업 문화를 구축하려고 노력했다. '1·1·1 제안 제도'는 전 직원이 의무적으로 매월 1인 1개의 제안을 하는 것이다. 회사는 좋은 아이디어나 제안을 선정해 포상한다. '칭찬합시다' 캠페인은 주변 동료의 칭찬할 점을 찾아 직접 칭찬해주고, 그 내용을 게시판에 붙

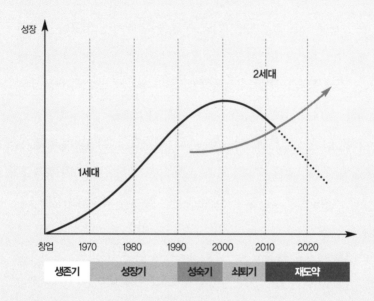

성장

2세대

1세대

창업　1970　1980　1990　2000　2010　2020

| 생존기 | 성장기 | 성숙기 | 쇠퇴기 | 재도약 |

[그림 3-6] 동신유압의 라이프 사이클

여 전 직원이 공유하는 것이다. 이 때문에 직원들 간에 상호 관심이 높아지고 소통도 원활해졌다.

　두 번째는 '거리 경영'이다. 이는 즐길거리, 웃음거리, 희망거리를 만들어내고 불평거리, 불만거리는 없애 회사 분위기를 쇄신하자는 것이다. 이를 위해 매달 행운권을 추첨해 직원들에게 선물을 주고, 명절이 되면 대표이사나 회장에게 들어온 명절 선물을 제비뽑기로 추첨해 직원들에게 나누어준다. 그리고 반기별로 직원 가족에게 패밀리 레스토랑 저녁 식사권을 제공한다. 이런 노력으로 김 사장이 회사를 맡은 지 4년여 만에 회사의 매출은 그 전보다 2배 많은 600억 원 수준으로 올랐다.

동신유압의 지난 50년간의 라이프 사이클([그림 3-6])을 보면 1967년에 창업해 70~80년대 말까지 성장기를 맞았고, 90년대 들어 성숙기에 이르며 라이프 사이클의 정점에 도달했다. 그리고 2000년 이후 시장 경쟁이 치열해지고 값싼 중국산 제품과 경쟁하며 쇠퇴의 길을 걸었다.

만약 김 사장이 기업을 맡고 나서 재도약의 기회를 잡지 못했다면 기업은 1세대 라이프 사이클의 점선과 같이 쇠퇴하며 유명무실해지거나 폐업했을지도 모른다. 하지만 동신유압은 세대교체에 성공했고, 후계자가 재도약의 기반을 마련하여 새로운 라이프 사이클을 시작하고 있다.

마음 편한 은퇴를 위한
몇 가지 준비

한 중견기업의 창업자는 몇 해 전 아들에게 회사를 맡기고 은퇴해서 직접 경영에 참여하진 않는다. 하지만 그의 은퇴 생활은 그다지 만족스럽지 못하다. 평생 일만 하느라 가깝게 교류하는 친구도 없고 마땅한 취미도 없다. 지금은 대부분의 시간을 집에서만 보낸다. 그는 자녀들에게도 섭섭하고 마음이 씁쓸하다고 했다.

"나는 안중에도 없어요. 무슨 일 있으면 엄마한테만 얘기하고 나한테는 아무것도 얘기를 안 해요. 집에서 나는 왕따예요. 자기들이 지금 누구 덕에 잘 먹고 잘 사는데…. 내가 평생 죽을힘을 다해 회사를 만들어 놨는데, 나는 안중에도 없어 아주 괘씸해요." 그래서 그는 아직 현업에 있는 다른 경영자들에게 건강이 허락하는 한 회사에 남아 있으라고 조언한다고 했다.

후계자의 리더십을 개발하는 것이 창업자의 가장 큰 도전과제라면 두 번째 도전과제는 회사에서 '잘' 떠나는 것이다. 이는 단순히 권한을 위임하는 것에 그치지 않는다. 은퇴 이후를 잘 계획해 삶의 새로운 동력을 찾는 것까지 포함한다. 그래야 걱정이나 아쉬움 없이 회사를 '잘' 떠날 수 있기 때문이다. 하지만, 은퇴 시기도 제대로 정해놓지 않고 일하는 현재 상황을 미루어보면 많은 중소기업의 창업자가 스스로 회사를 떠나는 것은 여전히 어려운 문제인 듯하다.

창업자들에게 "은퇴하기 어려운 이유가 무엇입니까?"라고 질문하면 여러 가지 답을 듣는다. 가족기업 전문가들과 컨설턴트들이 실제 컨설팅을 하며 축적한 데이터에 따르면 오너 경영자들이 은퇴하기 어려운 이유는 다음과 같다.[15]

첫째, '회사 일을 떠나 다른 생각을 해본 적이 없다'는 것이다. 이렇게 대답한 경영자들 대부분은 삶의 중심이 회사나 일에 맞춰져 있던 사람들이다. 삶의 다른 영역에서 즐거움을 거의 못 찾았다고 봐야 한다. 이들은 평생 회사에 헌신했기 때문에 회사를 자신의 분신처럼 여긴다. 이 대답의 이면에는 권력을 잃는 것, 사회에서 권위를 잃는 것, 친구나 회사와 연결된 많은 사람들을 잃게 되는 것, 그리고 가족의 존경을 잃는 것에 대한 두려움이 있다.

둘째, '은퇴할 경제적 여력이 안 된다'는 것이다. 중소기업에서는 흔한 이유다. 자신의 재산보다 회사의 재정적 안정을 더 중요하게 생각해 충분한 은퇴 자금을 마련하지 못한 사람들이 의외로 많다. 그러나

때로는 은퇴 자금을 충분히 모았더라도 여전히 재정적으로 불안함을 느껴서 은퇴를 미루는 경우도 있다.

셋째, '내가 없으면 회사가 안 돌아간다'이다. 첫 번째 이유와 비슷한 측면이 있지만, 여기에는 현실적인 여건도 포함된다. 단순히 다른 여가에 대한 흥미가 없어서라기보다 믿고 맡길 만한 사람이 없다고 생각하기 때문이다. 일을 적절히 위임하지도 못하고 전문적이고 조직적인 체계도 마련하지 못해 은퇴를 하고 싶어도 할 수 없는 상황에 놓이게 된 경우다. '창업자 함정'에 빠진 경우도 여기에 해당된다. 이런 회사들은 대부분 근본적으로 매우 불안정하다. 그들은 여전히 책임감을 갖고 열심히 일하지만 조직의 현재 상태와 앞날을 염려한다. 결국 이런 회사는 창업자가 은퇴하면 얼마 지나지 않아 회사가 쇠퇴기를 맞을 가능성이 크다. 경영자들이 이런 문제를 극복하고 편안하게 은퇴하려면 다음 4가지가 안정되어야 한다.[16]

① 개인의 재정적 안정 : 은퇴 후 편안한 여생을 보낼 수 있을 만큼 재정적으로 안정돼 있는가?

② 가족의 안정 : 내가 없더라도 자녀들이 다투지 않고 협력하여 회사를 운영할 수 있을까?

③ 조직의 안정 : 내가 없어도 회사가 독자 생존이 가능한가?

④ 심리적 안정 : '회사의 CEO'가 아닌 나의 정체성은 무엇인가? 회사를 떠나면 무엇을 할 것인가?

이를 고려해 은퇴를 준비해야 하지만, 특히 재정적 안정은 무엇보다 중요하다. 은퇴 후에도 회사에서 급여를 받을 것이므로 자신은 재정적으로 문제가 없다고 하는 경영자도 보았다. 하지만 그것은 매우 위험한 생각이다. 은퇴 후 길게는 수십 년을 살 수도 있으므로 재정적 안정을 위해 일찍부터 만반의 준비를 해야 한다.

'어디에서' 은퇴하는가가 아니라 '어디로' 은퇴하는가

일반적으로 은퇴라고 하면 물리적인 나이의 영향도 커 죽음에 대한 두려움이 있을 수 있고 존재감의 상실 등을 생각하기 쉽다. 무엇보다도 큰 변화는 '지위'가 사라진다는 데 있다. 즉 '사무실을 어디에 둘 것인가?' '명함에는 어떤 타이틀을 넣을 것인가?' 심지어 '전화는 누가 받을 것인가?' 등의 문제가 자신의 정체성이나 존재에 대한 고민보다 훨씬 심각하게 느껴진다.[17] 그래서 어떤 경영자들은 미리 이런 것들을 예상하고 개인 비서를 고용하거나, 회사에서 떨어져 자신의 개인 사무실을 내는 등 은퇴 이후의 삶을 준비한다. 그러나 이것으로 만족스러운 삶이 보장될까?

무엇이 성공적인 은퇴인지는 사람마다 의견이 다르다. 어떤 사람들은 자신이 그동안 하지 못했던 취미 생활이나 여행 등을 즐기며 한가

롭게 시간을 보내고 싶어 한다. 이 경우 특별히 사회활동이나 새로운 일을 찾기보다는 가장 삶을 활기차고 즐겁게 해줄 수 있는 것을 찾으면 된다. 그러나 보통 사회적으로 왕성하게 활동했던 사람들은 휴식이나 취미만으로 만족하지 못한다. 그래서 은퇴를 새로운 일을 시작하는 기회로 여기기도 한다. 어떤 경우가 됐든 회사를 떠나기 전부터 가능한 한 빨리 자신이 무엇을 원하는지에 대해 생각하고 준비하는 것이 중요하다. 물론 아무리 준비를 잘 해도 은퇴를 앞두고 느끼는 심리적인 부담을 무시할 수는 없다. 그럼에도 사전에 철저히 준비한 사람들은 상실감보다는 기대와 기쁨을 안고 회사를 떠날 수 있다. 은퇴 후의 삶에 대한 준비는 다음과 같은 질문으로 시작해야 한다.

- 은퇴 후 나의 목표는 무엇인가?
- 은퇴 후 시간을 어떻게 사용할 것인가?
- 어떻게 만족을 얻을 것인가?
- 어떻게 사회에 기여할 것인가?

어떻게 하면 은퇴를 새로운 기회로 만들 수 있을까? 대부분의 퇴직 경영자는 그들의 경험과 지식을 활용하고 싶어 한다. 그래서 은퇴 후 박사과정에 들어가서 자신의 실무 경험을 이론으로 체계화한 뒤 틈틈이 대학에서 강의하는 사람도 있다. 어떤 사람은 중소기업 CEO를 대상으로 컨설팅이나 자문을 하기도 하며, 다른 회사의 사외이사로 참여하는 경우도 있다. 또 자신의 경험과 노하우로 비영리 단체를 돕는가 하면, 가족이나 친구, 부부 관계를 재정립하려는 목표를 갖기도 한다. 이렇게 은퇴하고 나서도 활동적인 삶을 살고 싶다면 스스로 성공적인 은퇴가 어떤 것인가에 대해 미리 충분히 고민해보아야 한다. 예컨대 이런 일을 할 수 있지 않을까?

1. 자신의 예술적 감각을 살리거나 어릴 적 꿈 찾기
2. 새로운 일 시작하기
3. 자녀들과의 관계를 개선하고 손자들을 교육하기
4. 교회, 성당, 사찰 등 적극적인 종교 활동
5. 가족에게 남기거나 출판할 목적으로 책 쓰기
6. 대학에서 가르치기
7. 경험과 노하우로 비영리 단체 돕기
8. 다른 회사 자문역 및 사외이사 역할
9. 가족재단 설립 후 전략적으로 자선 활동 참여
10. 박물관이나 대학 및 기관에 기증할 목적으로 미술, 책, 기념품 등 수집하기

미국 격언에 "어디에서from 은퇴하는 것이 아니라 어디로to 은퇴하는 것이다"라는 말이 있다. 은퇴한 뒤 아침에 눈을 뜰 때 하루를 기대감으로 시작하는 삶을 생각해보았는가? 은퇴 계획이란 바로 그 '기대

감을 주는 일'을 찾는 것이다. 은퇴한 뒤에도 이전 못지않게 활발히 활동하는 사람들은 그렇지 않은 사람들보다 정신적으로나 육체적으로 더 건강하다. "이 나이에 내가 뭘 하겠어?"라고 말한다면, 활동적으로 할 수 있는 일을 갖기란 거의 불가능하다.

분쟁 예방과
소유권
보존 체계를
만들어라

소유권 이전
지배구조 개선
세금계획

분쟁 없는
소유권 이전 플랜

전자 부품을 제조하는 중견기업의 창업자 문 회장에게는 세 아들이 있다. 첫째 아들은 해외 유학을 마치고 외국에서 근무하다가 이 회사에 입사해 일을 시작했고 지금은 사장을 맡고 있다. 문 회장은 50대 후반에 일찌감치 큰아들을 후계자로 내정하고는 지분도 미리 물려주었다. 아들이 회사에 들어온 시점인 1997년 금융 위기로 주식 가치가 크게 떨어졌을 때 자신이 보유한 주식 중 70%를 큰아들에게 증여한 것이다. 큰아들은 해외로 영업망을 넓히며 기업이 빠르게 성장하는 데 기여했고 둘째 아들과 셋째 아들 역시 유학을 다녀오고 나서 회사에 합류해 형을 도와 일을 시작했다.

이 회사는 세 형제가 합심한 덕분에 문 회장이 기대했던 것 이상으로 성장하며 안정적으로 도약기에 접어들었다. 문 회장은 둘째와 셋째 아들에게도 지분을 나눠주기 위해 자신이 가지고 있던 지분 30% 중 두 아들에게 각각 10% 증여하고 자신은 현재 10%만 보유하고 있다. 70대 초반인 그는 건강 문제로 몇 년 전부터 회사에서 완전히 손을 뗀 상태다. 회사 규모가 작을 때 일찍이 세금을 적게 내고 주식을 증여했기 때문에 승계를 목전에 두고 세금 문제 등으로 고심하고 있는 다른 창업자들에게 부러움을 사고 있다. 더구나 자녀들이 우애도 좋고 서로 협력해서 기업을 더 키워 놓았기에 자식들을 자랑스럽게 생각하며 본인은 편안하고 여유로운 은퇴 생활을 하고 있다.

그런데 요즘 건강이 더 나빠지면서 회사가 3세대로 넘어갈 때를 생각하면 마음 한구석이 편치 않다. 큰아들에게는 딸이 1명 있고, 작은아들은 아들 2명, 셋째 아들은 아들 1명과 딸 1명을 두었는데, 음악을 전공한 큰 손녀는 비즈니스에 관심이 없어 회사를 맡을 가능성이 전혀 없어 보인다. 반면 둘째와 셋째 아들의 자녀들은 공부도 잘하고 리더십도 뛰어나다. 특히 그중 손자 2명은 해외 명문대학에서 경영학을 전공하고 있어 차세대 후계자로 손색이 없어 보인다.

어렸을 때부터 자신의 경영철학을 배우며 경영학을 전공한 손주들이 회사를 잇는 것이 훨씬 유리할 듯한데, 지금 지분 구조를 보면 사실상 문 회장의 바람을 이루기는 힘들 것 같다고 생각했다. 오히려 자신이 살아생전 얼굴도 못 보게 될 손주 사위에게 회사가 넘어가지는 않을지 고민된다는 것이다. 손주 사위가 기업을 맡을 생각이 있는지, 후계자로 적합한지, 확인할 방법이 없는 상황에서 주식 지분 때문에 그가 기업의 운명을 좌지우지할 만큼 영향력을 행사할 수 있다는 점이 마음에 걸리는 것이다. 큰아들에게 미리 주식을 증여하여 승계를 준비한 것은 여러모로 올바른 선택이었지만, 3세대 이상 승계하는 것까지 생각하면 너무 섣부른 의사결정을 한 것은 아닌지 걱정이 앞섰다.

창업자가 후계자를 선정해 승계할 때 자녀가 1명이라면 이런 고민은 하지 않아도 된다. 그러나 자녀가 1명 이상이라면 3세대까지 고려해 승계 준비를 해야 한다. 어느 세대에서든 오너십이 분산될 수 있기 때문이다. 가업승계의 핵심은 가족기업의 정체성을 지키며 안정적으로 경영권과 소유권을 다음 세대에게 이전하는 것인데, 문 회장의 경우처럼 오너십이 분산될 확률이 높으면 이런 목표를 이행하기가 어려워진다. 사공이 많으면 배가 산으로 간다. 따라서 오너십을 안정적으로 이전하는 것은 유능한 후계자에게 안정적으로 경영권을 승계하는 일만큼 중요한 문제다.

가업승계를 준비하는 대한민국의 많은 중소기업 경영자들은 소유권 이전 문제에서도 여러 어려움을 겪는다. 문 회장의 경우처럼 2세대에게 안정적으로 소유권을 넘겼다고 방심할 수 있는 것은 아니지만, 현실은 2세대로 이전하는 것조차 힘든 경영자들이 많다. 여러 자녀들이 형평성 있는 분배를 이유 삼아 상속 분쟁을 벌이기도 하고, 상속세 때문에 소유권을 처분해야 하는(중소기업의 경우 대체로 비상장주식이 많아 처분도 쉽지 않다) 문제에 직면하기도 한다.

이번 4장은 가족기업 3차원 모델 중 오너십 시스템에 관한 내용이다. 오너십 시스템의 핵심은 분배 때문에 발생하는 자녀들의 갈등을 막고 여러 세대를 거쳐도 기업의 경영권이 흔들리지 않도록 소유권을 잘 이전하는 것이다. 특히 창업자가 혼자 기업을 운영하던 단독 경영 방식에서 2세대 이상 승계를 진행하면 형제자매가 같이 운영하는 형제 경영 방식, 자녀의 자녀들이 경영에 참여하는 사촌 경영 방식 등 경영 및 오너십 구조에 변화가 생긴다. 이때 오너십 이전에 대한 문제는 더 복잡해지고 갈등을 유발할 요소도 많아진다.

따라서 이번 장에서는 형평성 있는 분배, 이해관계가 다른 가족들이 분쟁을 일으키지 않고 소유권을 행사하려면 어떻게 협력해야 하는지 기업과 집안에 효과적인 지배구조를 설정하는 법, 창업자가 죽고 나서도 소유권이 흔들리지 않도록 미리 상속 플랜을 계획하는 법에 대해 설명하여 분쟁 없이 안정적으로 어떻게 소유권을 이전할 수 있는지 살펴볼 것이다.

소유권 이전에 따른
경영 방식의 진화

        은퇴를 앞둔 창업자의 가장 큰 고민거리는 경영권 승계와 더불어 소유권, 즉 주식 분배에 관한 것이다. 특히 자녀가 1명 이상이라면 어떻게 분배하는 것이 형평성에 맞을지 고민될 것이다. 후계자에게 일임하면 다른 자녀들이 걸리고, 똑같이 나눠주자니 경영권을 가진 후계자에게 힘을 실어주지 못할 것 같고. 과연 어떤 소유권 구조가 적절할까? 사실 소유권에 관한 결정은 창업자의 가치와 가족 관계 그리고 기업의 상황이 반영되어야 하므로 정답이 있는 것은 아니다.

    중요한 것은 창업 초기 자신이 운영하던 경영 방식이 2, 3세대로 넘어가면서 어떻게 변하는지 인지하고 소유권 이전 문제를 준비하는 것이다. 오너십 진화 모델에 따르면 가족기업의 오너십은 [그림 4-1]과 같이 초기 오너 단독 경영 단계에서 형제 파트너 경영 단계로, 그리고

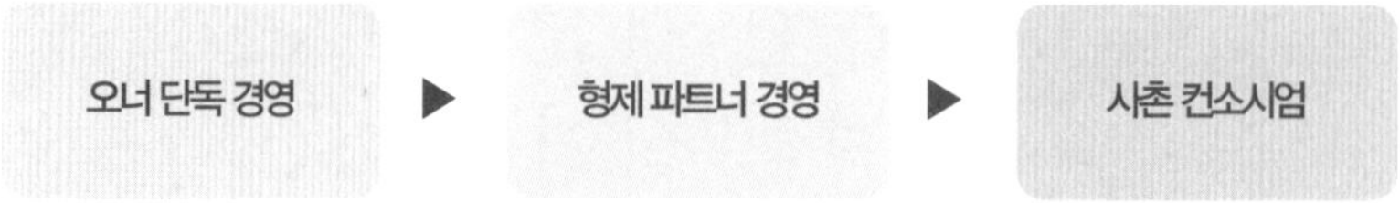

[그림 4-1] 소유권 구조의 진화

사촌 컨소시엄 단계로 발전한다.[1] 즉, 우리나라에서 흔히 얘기하는 오너 경영, 형제 경영, 사촌 경영 단계로 진화하는 것이다.

물론 모든 기업이 이렇게 순차적으로 진화하지는 않는다. 만약 창업자가 한 자녀에게 지배적인 소유권과 경영권을 이전한다면 다음 세대에도 오너 단독 경영으로 이어진다. 하지만 기업이 수대에 걸쳐 단독 경영으로만 이어진다는 것은 현실적으로 불가능하다. 어느 세대에서는 형제자매에게 지분이 분산될 수 있고 그다음에는 사촌들에게 지분이 분산될 것이기 때문이다.

사실 가족이 함께 일하는 것은 결코 쉬운 일이 아니다. 기업에 참여하는 가족이 많아질수록 가족의 역학 관계는 아주 복잡해진다. 그래서 많은 부모들이 자녀 1명에게 경영권을 이전하는 방식을 선호한다. 여기에는 형제자매가 함께 일하는 것이 쉽지 않다는 전제가 깔려 있다. 그렇다면 소유권의 진화 단계에 따라 경영 방식이 어떻게 달라지며, 그때마다 경영자에게는 어떤 어려움과 기회가 있는지 살펴보자.

단독 경영

단독 경영이란 한 자녀가 경영권과 소유권을 모두 갖는 것을 의미한다. 자녀가 1명밖에 없는 경우나 유능한 자녀가 다른 가족의 간섭 없이 주도적으로 회사를 운영해야 한다고 생각하는 경영자라면 이 방식을 선호한다.

이 방식의 특징은 오너 경영자가 기업의 한가운데서 모든 통제권을 갖는다는 것이다. 다른 가족들이 소수의 지분을 가지고 있지만 기업 경영에 직접적인 영향을 미칠 정도는 아니다. 이 방식의 장점은 한 사람이 도맡아 책임지고 경영하기 때문에 의사결정이 신속하고 효율적이다. 또 자녀들이 공동으로 경영할 때 발생할 수 있는 의견 대립과 같은 갈등도 사전에 예방할 수 있다. 하지만 이 방식을 선택하는 데 따른 문제들도 많다.

첫째, 오너 리스크. 단독 경영 체제는 의사결정은 빠르지만 경영자가 그만큼 잘못된 판단을 내릴 위험도 크다. 특히 중소기업이나 중견기업의 경우 이사회의 기능이 매우 취약하고, 이사회가 있더라도 대부분 가족이나 친인척으로 구성되어 형식적인 수준에 불과하다. 그러므로 기업이 성장하고 규모가 커지면 이런 위험을 예방할 수 있도록 사외이사 제도나 자문이사 제도 도입을 검토해야 한다.

둘째, 자녀들의 질투심과 형평성 문제. 만약 자녀가 여러 명 있는데 그중 한 자녀에게만 회사를 넘겨준다면 자녀들은 서로 질투하거나 경쟁하게 될 것이다. 그러므로 단독 경영 방식으로 승계하고자 한다면 자녀들이 납득할 만한 이유가 있어야 한다. 이는 사전에 충분히 협의하는 것이 좋다. 그렇지 않으면 유산 배분의 형평성을 문제 삼아 유류분* 분쟁을 피할 수 없게 된다. 경영자 사후에 발생하는 가족분쟁 대부분이 이것이다. 어떤 기업은 회사 주식과 경영권을 행사할 수 있는 자산은 회사를 경영할 후계자에게 물려주고, 회사의 운영과 관계없는 부동산이나 예금 자산 등은 회사에 관여하지 않는 자녀들에게 분배해서 사전에 문제를 예방하기도 한다. 만약 자녀들의 형평성을 담보할 만큼의 개인 자산을 가지고 있지 않은 경우, 기업을 승계받지 않는 자녀들을 위해 사전에 생명보험에 가입해 상속 자금으로 활용하기도 한다.

셋째, 3세대에서 승계 시 후계자 문제. 예를 들면, 2세대 후계자에게 자녀가 1명인데 이 자녀가 승계를 원하지 않는다거나 역량이 부족해 승계가 어려운 경우 그다음 세대인 3세대에 가서 후계자 문제가 불거질 수 있다. 그러므로 이 경우에는 처음부터 3세대까지 어떻게 승계할 것인지 고려해야 한다.

회사에 형제자매가 함께 일하고 있을 때, 승계를 준비하는 과정에서 일어날 수 있는 분쟁을 근본적으로 예방하고자 계열사 분리, 사업부 분리를 통해 자녀들이 단독으로 경영하는 방식을 선택하는 경영자도 있다. 이 방법을 선택하는 경우 사전에 분쟁을 예방한다는 장점이 있는 반면 여러 가지 문제점도 동시에 고려해야 한다.

첫째, 계열사나 사업부를 분리하는 경우 장기적으로 봤을 때 기업

* 유류분이란?

- 피상속인(사망자)이 특정인에게 법적 상속분을 넘는 유증(유언으로 재산을 주는 행위)이나 증여를 하는 경우 다른 상속인들이 자신들의 법정 상속분의 50% 한도 내에서 반환을 청구할 수 있도록 한 제도다.

- 법적 상속 비율: 배우자 1.5, 자녀 1
  (예:배우자와 자녀가 3명이라면 1.5+1+1+1= 4.5, 자녀 각자의 상속분은 1/4.5=2/9)

- 유류분 : 법적 상속 비율의 1/2 (50%)
  (예:전체 상속 재산이 90억 원이며 상속인이 총 4명인 경우 (배우자, 자녀1, 자녀2, 자녀3)

상속인	배우자	자녀1	자녀2	자녀3
상속 비율	1.5	1	1	1
	3/9	2/9	2/9	2/9
법정 상속분	30억	20억	20억	20억
유류분(50%)	15억	10억	10억	10억

- 피상속인이 자녀1에게 상속 또는 증여로 줄 수 있는 최대 한도는?
  자녀1을 제외한 나머지 상속인들인 배우자와 자녀2, 자녀3의 유류분을 합한 금액(35억 원)을 침해하지 않는 범위(55억 원) 안에서 가능함. (90억 원−35억 원=55억 원)

경쟁력이 떨어질 수 있다. 특히 중소기업의 경우 회사의 시너지가 약화되어 장기적인 성장이 저해될 수 있으며, 분리 과정에서 이해관계에 따른 감정 문제가 발생한다면 이것이 향후 다른 분쟁의 불씨가 되기도 한다.

둘째, 자녀들이 경쟁 관계가 되기도 한다. 실제 우리나라의 유명한 주류 회사, 침대 회사 등은 형제들이 동일한 사업 아이템으로 시장에서 서로 경쟁하고 있다. 2세대에서 기업이 분리되어 경쟁하고 있는 두 회사는 부모 세대에 사용하던 상표권을 놓고 소송을 벌이기도 했는데, 결국 같은 상표를 쓰도록 판결을 받아 현재 두 회사가 동일한 이름으로 3대째 비즈니스를 이어가고 있다. 그런데 그중 한 회사가 사회적으로 논란을 일으키며 매출이 절반으로 떨어지는 등 어려움을 겪었고, 덩달아 같은 상표를 쓰던 다른 회사도 브랜드 이미지에 손상을 입었다. 중국 소스를 만드는 홍콩의 한 회사는 4형제가 힘을 합쳐 글로벌 시장으로 진출할 정도로 중국 소스를 세계적인 브랜드로 키웠다. 그런데 우리나라의 기업은 해외 진출은 고사하고 국내에서 형제끼리 경쟁하느라 성장의 한계를 맞고 있어 매우 안타까운 일이다. 만일 기업을 분리한다면 자녀들이 경쟁 관계가 되기보다는 보완 관계가 되어 서로 협력해 나갈 수 있도록 사전에 방법을 모색해야 한다.

셋째, 만약 후계자가 능력이 없음에도 불구하고 자식이란 이유로 회사를 분리해 기업을 맡는다면 큰 문제를 야기할 수 있다. 경영 능력이나 재능이 부족한 자녀가 회사를 경영하면 실패할 가능성이 농후하기 때문이다. 그런데 문제는 이런 일이 발생하면 대부분 실패한 후계자들은 자신의 능력이 부족하다고 생각하기보다 자신은 다른 형제보다 경쟁력이 떨어지는 기업을 물려받았다고 생각하며 불평한다. 만일 자녀 중 경영 능력이 의심되는 자녀가 있다면, 경영은 자질을 갖춘 자녀에게 맡기고 나머지 자녀들은 자신이 관심 있는 일을 하도록 지원하거나 배당을 받는 방식을 채택하는 것이 더 바람직하다.

형제 경영

형제 경영 방식의 특징은 오너십을 가진 자녀들이 함께 경영에 참여하는 것이다. 가족 평등의 가치를 중요하게 여기는 경영자라면 자녀들에게 오너십을 공평하게 분배하고 서로 협력해서 기업을 경영하도록 하는 형제 경영 방식을 선호할 것이다. 형제 경영 방식은 본래 누구도 다른 사람보다 더 많은 혜택을 갖지 않고, 의사결정을 할 때도 동등한 영향력을 행사하는 것이 기본이다. 즉, 모든 자녀들이 동일한 비율로 소유권을 갖는다. 예를 들어, 자녀가 2명이라면 두 자녀에게 각각 지분을 50%씩 나누어주고, 3명이라면 1/3씩 공정하게 배분하는 것이다. 이런 형제 경영 방식은 2가지 유형으로 구분할 수 있다.[2]

첫 번째 유형은 형제자매간 동일한 비율로 소유권을 갖고, 그중 1명이 리더십을 행사하는 방식이다. 이 경우 누구 한 명이 경영자가 된다고 해서 독단적으로 행동할 수는 없다. 어떤 가족은 초기 단계부터 서로 협의해서 의사결정을 하고 그에 따라 일을 처리한다. 어떤 가족은 경영자의 역할을 존중하여 다른 형제들과 차별을 두기도 한다. 또 어떤 가족은 형제들이 돌아가며 최고경영자 역할을 맡기도 한다. 어떤 경우든 형제 경영 방식이 안정적으로 운영되려면 경영자로 선정된 형제는 다른 가족에게 자신의 경영 능력을 증명해 보여야 한다. 그리고 다른 형제들은 경영자가 된 형제에게 많은 권한을 주는 것이 결국 자신들의 경제적 이득에 더 도움이 된다는 것을 인식해야 한다.

두 번째 유형은 형제자매들이 동일한 비율로 소유권을 보유하면서 리더십도 공동으로 행사하는 방식이다. 즉 형제자매가 한 팀으로 회사를 이끌어간다. 이 경우 형식적으로 경영자를 세우긴 하지만 모든 주요한 경영 의제는 공동으로 결정한다. 형제자매들은 각자 다른 부서나 부문의 책임자 역할을 맡으며 동일한 의사결정 권한도 갖는다. 급여나 보너스도 동일하게 지급받는다.

이런 방식은 단독 경영보다 구조가 상당히 복잡하다. 그러므로 형제 경영 방식을 채택하려면 이사회를 중심으로 효과적인 커뮤니케이션 시스템을 먼저 구축해야 한다. 경영에 참여하는 자녀들의 소유권 비율이 다르거나, 자녀들 여럿이 소유권을 가지고 있지만 일부만 회사에 참여하는 경우도 형제 경영의 한 형태로 본다. 어떤 방식을 선택하든 형제 경영 방식이 성공적으로 운영되려면 가족들 사이에 '소유권을 공유한다는 것은 책임을 공유하는 것이다'라는 공감대가 형성되어야 한다.

형제 경영 방식의 장점은 자녀들에게 공평하게 소유권을 분배하므로 형평성 문제를 해결할 수 있다는 점이다. 또한 자녀들이 서로 각자의 장점을 살려 협력하고 약점을 보완할 수 있다면 시너지를 극대화할 수 있다. 하지만 그에 못지않게 문제점도 있다.

첫째, 자녀들이 서로 전략 방향이 다르거나 경쟁하는 것이다. 경영 방식이나 미래의 전략 방향 등에서 서로 다른 입장이나 견해를 갖는다면 갈등이나 분쟁의 소지가 되고 주도권 경쟁으로 발전할 수 있다. 실제 우리나라 재벌기업 중 두 기업은 형제들이 소유권을 동일한 비율로 가지고 기업을 공동 경영하는 형제 경영 방식을 택해 한동안 성공적으로 기업을 이어갔다. 그런데 한 기업에서 형제 중 1명이 다른 형제들과 사전에 협의하지 않고 자기 지분을 늘리면서 분쟁이 발생했고 결국 형제 경영도 막을 내렸다. 경영권을 향한 욕심이 화를 자초한 것이다. 또 다른 기업은 창업자가 가족의 화합을 강조했던 덕에 3대까지 공동 소유, 공동 경영의 원칙을 가지고 모범적으로 형제 경영 방식을 이어왔다. 그런데 형제 중 1명이 계열사 분리를 요구하며 갈등이 시작되었고, 가족이 서로 비자금을 폭로해 4형제가 함께 법정에 서기도 했다. 형제간 불신과 라이벌 의식이 불행을 초래한 것이다. 따라서 형제 경영 방식이 잘 자리 잡으려면 기업을 사적인 재산이 아닌 가족 공동의 재산으로 인식하고 선대로부터 물려받은 기업을 잘 지켜서 후대에 계승해야 한다는 책임과 의무에 대해서 모두 동의해야 한다.

둘째, 3세대 자녀들의 원칙 없는 기업 참여도 문제가 될 수 있다. 형제 경영에 참여하는 인원이 많은 경우 그들 자녀들의 수도 덩달아 많아진다. 때로는 회사에서 필요한 수보다 훨씬 많은 가족이 기업에 참여하게 되고, 무능한 자녀들이 경영에 참여하는 경우도 종종 생긴다. 이런 문제를 예방하려면 3세대 자녀들이 기업에 참여하기 전부터 경영 참여에 대한 규정이 필요하다. 이를 위해서는 형제간 협의가 선행되어야 하며, 협약도 마련되어야 한다.

셋째, 3세대 간 소유권 불균형에 따른 잠재적 갈등이다. 형제자매의

구분	장점	도전과제
단독 경영	• 1인 책임 경영 • 신속한 의사결정	• 독단적 의사결정 (오너 리스크) • 자녀간의 질투, 형평성 문제(유류분) • 차세대 후보군 확보
형제 경영	• 자녀간의 형평성 문제 해결 • 상호 보완과 협력을 통한 시너지	• 자녀간의 주도권 경쟁 • 사업 방향성이 다를 경우 갈등 • 원칙 없는 3세대의 기업 참여 • 3세대 지분 불균형으로 인한 잠재적 갈등
회사 분리	• 분쟁 예방 • 각자 주도적인 기업 경영	• 기업의 시너지 약화 • 라이벌 관계로 발전 가능성 • 능력 없는 자녀의 문제

[표 4-1] 소유권 이전에 따른 도전과제

자녀들이 회사에 참여하는 사촌 경영 시기가 되면 지분 구조에 대해 경쟁 관계가 더 심화될 수 있다. 한 형제는 3명의 자녀를 두고, 다른 형제는 1명의 자녀만을 두었다고 가정하자. 3세대에 이르면 한 형제는 자녀에게 각각 약 17%의 지분을 상속하게 되지만, 다른 한 가족은 자녀가 1명이므로 그 자녀는 단독으로 50%의 지분을 받게 된다. 능력과 상관없이 50%의 지분을 가진 자녀가 회사를 장악하는 문제가 발생할 수 있다. 이와 비슷한 구조를 가진 한 회사는 17%를 가졌던 한 형제가 50%를 가졌던 사촌과 연합해서 자신의 형제들을 몰아낸 경우도 있다. 그러므로 앞으로 벌어질 수 있는 모든 상황을 감안하여 철저한 계획을 수립해야 한다. 결국 형제 경영 방식이 성공적으로 이어지려면 이 문제들을 반드시 극복해야만 한다.

사촌 경영

단독 성영이나 형제 경영은 1세대에서 2세대로 소유권을 이전하는 방식이었다. 하지만, 형제 경영 단계에서 주식이 다음 세대 자녀들에게 이전되면 사촌들이 함께 소유권과 경영권을 공유하게 된다. 사촌 경영은 선택 사항이라기보다는 어느 세대든 형제들이 주식을 나누어 갖게 되면 다음 세대는 사촌들에게 주식이 분산될 수밖에 없기 때문에 자연스럽게 나타난다. 우리는 이 단계를 사촌 경영 또는 사촌 컨소시엄 단계라고 한다.

이 단계의 가장 큰 특징은 다수의 사촌들이 소유권을 공유하는 것이다. 한 부모 밑에서 성장한 형제들도 함께 일하는 것이 어려운데 서로 다른 부모 밑에서 자란 사촌들이 함께 소유권을 공유하는 사촌 경영 단계가 되면 더 많은 도전과제에 직면하게 된다.

사촌 경영의 문제는 기업의 성장 속도에 비해 가족의 수가 더 빨리 늘어난다는 것이다. 개인의 소유권은 점점 작아지고, 기업에 참여하지 않는 가족들은 기업에 참여하는 가족들과 경영이나 배당 등의 요소를 바라보는 관점이 서로 달라진다. 예컨대 가족기업으로서의 영속성 문제, 가족 공동의 꿈과 비전을 공유하는 문제, 자녀들의 회사 참여, 주식 매도를 원하는 가족 문제, 가족 갈등을 예방하거나 해결하기 위한 제도 마련 등 아주 다양하다.

그러므로 사촌 경영 단계가 되면 서로 한 가족이라는 동질성을 유지하고 다양한 문제들을 함께 논의할 수 있는 가족회의와 가족헌장(가족 규정) 등 효율적인 가족 제도가 마련되어야 한다. 또한 소유권 이전 계획을 수립할 때는 사촌 경영까지도 염두에 두고 계획을 수립해야 한다.

자녀와 함께 세우는
승계 계획

소유권을 분배하는 가장 현명한 방법은 미래의 계획을 수립하는 데 가족들을 참여시키는 것이다. 실제로 미래를 책임질 자녀들의 의사가 반영되지 않는 계획은 단지 창업자의 바람에 지나지 않는다. 예컨대 두 사람이 하나의 오렌지를 놓고 서로 갖겠다고 싸운다고 가정해보자. 가장 현명한 해결책은 무엇일까? 많은 사람들에게 이 질문을 해보면 대부분은 정확하게 이등분해서 절반씩 나누어 갖는 것이 가장 공정하다고 얘기한다. 간혹 게임을 해서 이긴 한쪽이 다 갖는 것이 좋다는 의견도 나온다. 하지만 오렌지를 나누기 전에 두 사람에게 왜 오렌지가 필요한지 물어보면 어떨까? 만약 한 사람은 알맹이로 오렌지 주스를 만들려고 하고, 다른 한 사람은 껍질을 활용해 잼을 만들 계획이라고 답했다면? 똑같이 반으로 나누거나 게임에서 이긴 한 명이 다 갖기보다는 각자 필요로 하는 것을 주는 편이 가장 현명할 것이다. 이처럼 어떤 문제를 해결할 때 서로의 생각을 솔직하게 교환한다면 더 효과적이고 현명한 의사결정을 할 수 있다. 다음 실제 사례를 통해 가족들이 계획에 참여하는 것이 왜 중요한지 살펴보자.

가족의 미래를
뒤로 미루지 마라

중소기업의 창업자인 강 회장은 딸만 셋을 두고 있다. 아들이 없어 예전부터 승계 문제로 고민을 했는데 다행히 회계학을 전공한 첫째 딸과 심리학을 전공한 둘째 딸이 회사에 들어와서 열심히 일하고 있다. 강 회장은 첫째 딸이 적극적이고 경영자로서 자질도 있어 책임지고 경영을 할 수 있도록 단독으로 회사를 맡겨야 할지, 아니면 형평성을 고려해 세 딸에게 똑같이 소유권을 분배해야 할지 고민이 생겼다. 컨설팅을 하던 나는 그에게 자녀들의 의견을 반영하여 계획을 세울 것을 제안했다.

강 회장의 자녀들을 만나 의견을 들어보니, 첫째 딸은 아버지가 일구어놓은 가업을 계속 이어가야 한다는 책임감도 있었고 기업 경영에 대한 열정이 있었다. 하지만 둘째 딸은 해외로 발령 난 남편을 따라가 해외에서 공부하기를 더 원했다. 그리고 유학을 마치고 돌아오면 전공을 살려 일하고 싶다고 했다. 그리고 셋째 딸은 외국계 회사에 다니고 있었는데 아버지 회사에는 별다른 관심이 없다고 했다.

둘째와 셋째는 큰언니가 능력도 있고 그간 후계자 수업을 잘 받아왔으니 회사는 전적으로 그녀가 맡는 것이 좋을 것 같다고 제안했다. 그래서 가족회의를 열어 첫째 딸이 주도적으로 회사의 경영권과 소유권을 가질 수 있도록 70%의 지분을 이전하는 것으로 결정했다. 그리고 다른 자녀에게는 회사 지분의 일정 부분과 강 회장의 개인 재산 일부를 증여하는 것으로 합의했다. 실질적 가치로 따진다면 동생들의 몫은 첫째의 몫에 훨씬 못 미쳤지만 모두 자신들이 내린 결정에 만족해했다.

물론 가족이 미래의 계획을 함께 세우는 일이 이처럼 단순하지만은 않다. 하지만 창업자 혼자서 쉬쉬하거나 기업과 가족, 소유권과 관련하여 모든 이해관계자들이 만족할 만한 계획을 세운다는 것은 거의 불가능하다. 더구나 창업자 입장에선 당장 시급한 일들을 처리하기 바빠 승계 문제를 뒤로 미루는 경우가 많다.

이런 상태에서 가족과 기업의 구심점이었던 경영자가 사망하면 가족과 기업 모두 혼란에 빠지게 된다. 소유권이나 경영권 문제로 가족들 사이에 서로 분쟁이 생길 수 있고, 기업의 방향성도 흔들리게 된다. 극단적인 경우에는 유산 분배나 상속세 문제로 기업을 매각하는 상황까지도 벌어진다. 이처럼 승계 계획이 있느냐, 없느냐는 가족기업의 존폐가 달린 중대한 문제다.

내가 없어도 움직이는
시스템을 만들어라

30년 전 회사를 창업해 이제 60대 중반에 접어든 중소기업의 김 사장에게는 30대 중후반의 아들 2명이 있다. 두 아들 모두 학업을 마치고 각각 국내의 대기업과 외국 기업에 다니다 몇 해 전부터 회사에 들어와 일을 하고 있다. 그동안 정체되었던 기업은 자녀들이 회사에 들어와 일하면서 최근 성장세로 돌아서고 있다. 현재 이 회사의 매출은 연간 약 300억 원이고 직원은 약 120명이다. 최근 해외 시장에서 제품이 호평을 받으며 앞으로 한 단계 더 성장할 가능성이 높다.

김 사장은 두 자녀들이 지금은 사이도 좋고 서로 협력해서 일을 잘하고 있지만 자신이 은퇴하고 나서도 형제들이 협력해서 회사를 잘 운영할 수 있을까 의구심이 든다. 그래서 앞으로 회사를 공동으로 경영하도록 해야 할지 아니면 사업부를 분리해서 각자 회사를 따로 운영하도록 하는 게 좋을지 고민했다. 그러다 몇 년 후 회사를 분리해 자녀들에게 하나씩 맡기는 쪽으로 결론을 내렸다.

하지만 컨설팅을 하면서 자녀들을 만나보니 김 사장의 생각과 달리 두 형제는 서로의 장점을 살려 공동으로 경영하는 형제 경영 방식을 선호했다. 크지 않은 기업을 나누는 것보다는 경영학과를 졸업하고 리더십이 강한 형이 경영을 책임지고, 해외에서 마케팅을 공부하고 경력을 쌓은 동생이 해외로 진출해 기업을 확장하려는 뜻이 있었다. 결국 자녀들의 생각을 반영하여 앞으로 형제가 공동으로 경영하는 것으로 결정했다. 이 과정에서 김 사장은 자녀들과 함께 여러 차례 회의를 했고, 가족들이 참여하는 워크숍을 통해 서로 협력할 수 있는 다양한 시스템도 구축했다.

김 사장은 가장 먼저 자녀들과 함께 자신의 경영철학과 핵심 가치를 체계화하는 작업을 진행했다. 여러 차례 회의를 하면서 수립한 가족 공동의 꿈은 '히든 챔피언' 기업이 되는 것이었다. 김 사장은 직원들과 함께 그들의 꿈을 공유하고 전 직원들이 참여하는 워크숍을 통해 기업의 비전과 그에 따른 구체적인 목표와 전략을 설정했다. 그리고 자신의 경영철학을 기업 경영에 반영할 수 있도록 다양한 인사 제도도 마련했다. 이런 일련의 작업은 두 형제가 공동의 비전과 목표를 분명히 하고 협력할 수 있는 기틀을 마련했다는 측면에서 매우 고무적인 일이었다.

김 사장은 그동안 형식적인 수준에 머물렀던 이사회의 기능을 이전보다 더 공식적인 기구로 출범시켰다. 이사회는 김 사장과 그의 두 아들, 그리고 3명의 임원으로 구성했고 회사의 주요한 의사결정은 반드시 이사회의 논의를 거쳐 진행하기로 정했다. 형제 중 누가 최고경영자가 되더라도 회사의 주요한 의사결정은 반드시 이사회의 논의를 거치는 것으로 공식화했고 그에 따른 이사회 운영의 세부 규정도 마련했다. 아직 회사가 중소기업의 수준이어서 이사회에 사외이사를 포함시키지는 않았지만 머지않아 자문단을 구성해 회사의 성장 단계별로 필요한 각종 자문을 받고, 향후 기업이 더 성장하면 사외이사를 포함시켜 이사회를 더 전문적으로 운영할 계획이다.

가족을 위해서는 공식적인 가족회의를 구성했다. 두 형제가 모두 결혼하여 큰아들은 아들을 2명 두었고, 둘째 아들은 1남 1녀를 두고 있는데 현재 3세대들의 나이는 3~10세이다. 김 사장은, 앞으로 3세대들 중 누군가는 회사에서 함께 일할 수 있기 때문에 손주들이 어렸을 때부터 한 가족이라는 동질감을 느끼고 며느리들도 서로 경쟁심을 갖기보다는 한 배를 타고 있다고 생각하는 것이 중요하다고 생각했다.

그래서 가족이 함께 전통을 만들어가기로 했다. 아들과 며느리들과 함께 가족 워크숍을 개최해 가족의 비전과 가훈, 가족 행동 규정을 수립하고 이를 명문화했다. 또한 공식적으로 전 가족이 함께 매년 가족여행을 가는 규정도 마련했는데, 가족여행은 두 며느리들이 전적으로 맡아서 준비하게 했다. 물론 모든 의사결정은 가족들이 충분히 토의하고 합의한 것이다. 이런 일련의 노력으로 가족들은 함께 미래를 만들어가는 공동체라는 책임 의식과 가족 간의 결속이 강화되었다.

승계를 계획하는 경영자라면 누구나 자신이 죽고 나서도 자녀들이 싸우지 않고 협력해서 기업을 잘 이끌어가길 바랄 것이다. 그러나 막상 승계에 대해서 구체적인 계획을 준비하는 경영자는 그리 많지 않다. 설령 계획이 있다고 하더라도 혼자만의 생각에 머물러 있거나, "후계자가 잘못하면 어쩌나?" "자녀들끼리 싸우면 어떻게 하지?" 같은 부정적인 질문에 기초해 계획을 세운다. 승계 계획은 이와 같은 부정적인 질문을 기초로 해서는 안 된다. 이보다는 긍정성에 초점을 맞추어야 한다. 즉,

"어떻게 하면 후계자가 잘할 수 있을까?", "어떻게 하면 자녀들이 협력하고 화목하게 지낼까?" "어떻게 하면 대를 이어 건강한 가족과 기업을 유지할 수 있을까?"라는 질문에서 시작해야 한다. 문제를 어떻게 정의하느냐에 따라 해법도 달라지기 때문이다.

소유권 분산에 따른
전문 지배구조 구축

　　　　사업가라면 한 번쯤 집을 담보로 대출을 받아 사업 확장이나 새로운 투자를 위한 사업 자금으로 활용한 경험이 있을 것이다. 그렇다면 왜 집을 담보로 하면서까지 대출을 받아 회사를 키우려고 할까? 그것이 회사에 유익하다고 생각하기 때문이다. 경영자의 이런 결정은 단지 회사와만 연관되어 있는 것은 아니다. 가족기업의 경영자는 의식하든 그렇지 못하든 기업의 경영자로서, 최대주주로서, 가장으로서의 역할을 동시에 수행하고 있다.

　　기업을 확장하려고 신규 투자 계획을 수립하고 그것을 실행하는 것은 경영자의 역할이다. 자신의 집을 담보로 대출을 받으려고 대출 서류에 사인을 하는 것은 최대주주(오너)로서의 역할이다. 신규 투자에 대해 최종 결정을 하고 적정한 부채 비율을 감안하여 대출 규모를 결정

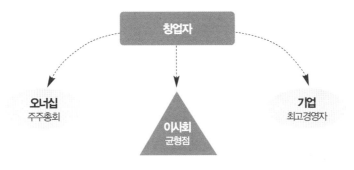

[그림 4-2] 창업자의 역할

하는 것은 이사회의 역할이다. 이처럼 대부분의 1세대 경영자들은 의식하든 의식하지 못하든 어떤 중요한 사안이 있을 때 모든 사실을 종합적으로 분석해 가족과 회사, 그리고 주주 역할을 직관적으로 조율한다. 또한 의식하든 못하든 모든 의사결정은 자신이 추구하는 비전과 가치, 그리고 니즈를 바탕으로 이루어진다.[3]

가장 일반적인 기업 형태인 주식회사의 경우 오너(주주), 이사회, 최고경영자가 기업의 주요 의사결정 기구다. 하지만 각각의 책임과 역할은 서로 다르다. 오너(주주)는 회사가 경영 활동을 원활하게 할 수 있도록 자금을 제공하고 그에 따른 수익을 배당 형식으로 받는다. 최고경영자는 기업의 대표가 되어 회사를 경영하고 조직의 유지와 발전을 책임진다. 그리고 이사회는 주주를 대신하여 기업의 주요 업무를 관할하고 최고경영자를 견제하며 회사의 주요한 사안에 대한 최종 의사결정과 집행을 관장한다. 이처럼 이사회는 주주와 경영자 등 이해관계자간

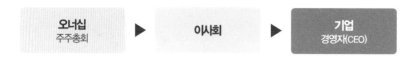

[그림 4-3] 기업의 지배구조

의 관계를 조정하는 '균형점Balance Point' 역할을 한다.[4]

이사회의 주요 활동 영역은 신규 사업 개발, 기존 사업의 철수, 사업 부문간 시너지 창출, 성장 우선 순위 결정 등 전사적인 관점에서 사업 영역을 설정하고 그에 따른 자원 배분 그리고 경영진이 수립한 전략에 대한 수행 여부를 결정한다. 주식회사의 경우 대체로 각 의사결정 기구의 책임과 역할이 명확히 구분되어 있고, 이사회가 주주와 경영자 사이의 균형점 역할을 하며 지배구조의 중심에 있다. 그런데 이사들은 주주총회에서 선임되고, 이사회가 최고경영자를 선임하므로 실제 기업의 지배구조는 [그림 4-3]과 같다.

사실 창업자의 세대에서는 의사결정 구조가 뚜렷하게 구분되지 않는다. 창업자가 최대주주이므로 이사회가 운영된다고 하더라도 이사들은 거수기 역할에 지나지 않는다. 그리고 대부분 창업자가 최고경영자의 역할을 맡기 때문에 회사의 지배구조 측면에서 본다면, 앞쪽의 [그림 4-2]와 같이 창업자가 동시에 1인 3역을 수행하는 것이다. 이 시기에 창업자들은 중대한 의사결정을 할 때 다른 사람과 의견을 조율할 필요가 없다. 덕분에 의사결정이 빠르고 갈등의 여지가 전혀 없다. 하지만 기업이 상장을 통해 주식이 분산되거나 세대교체로 소유권이 가족들에게 분산되는 경우 창업자가 해왔던 지배구조 방식은 더 이상 유효하지 않게 된다. 이때 가족과 기업 모두 분쟁을 예방하고 성공적으로 이끌어가려면 창업자를 대신할 의사결정 시스템이 구축되어야 한다. 이는 기업 내부의 의사결정 시스템인 '지배구조Governance'를 전문화하는 것을 의미하는데, 이사회의 역할과 기능, 경영자와 주주와의 관계를 총칭한다.

기업의 지배구조를 전문화한다는 것은 창업자 한 사람에게 집중되었던 통제권을 가족, 기업, 이사회로 분리함을 의미한다. 또한 각 부문별 책임과 역할을 분명히 하고 각각 독립적으로 의사결정을 하도록 한다. 독립적이라고 해서 각 부문이 단절된다는 것은 아니다. 이들은 상호 의존적이며 매우 긴밀하게 연결되어 있다. 또한 독립적이라고 해서 한 사람이 한 부분에만 속해야 한다는 것도 아니다. 경우에 따라 한 사람이 오너(가족주주), 경영자, 이사회의 역할을 동시에 수행하는 경우도 있고, 1개 혹은 2개의 부문에 속하게 될 수도 있다. 만약 어떤 한 사람이 오너(가족주주)이며 동시에 이사로서 활동한다면, 주주총회에서는 주주로서의 역할에만 충실해야 하고, 이사회에서는 이사로서의 역할에 충실해야 한다는 의미다.

가족기업이 전문적인 지배구조를 구축하는 것은 다음 쪽의 [표 4-2]와 같이 가족(오너), 이사회, 경영자의 책임과 역할을 분명하게 하는 것부터 시작된다.[5] 결국 가업승계를 계획한다는 가족과 기업 양쪽에서 균형점 역할을 해왔던 창업자의 역할을 어떻게 다음 세대에 잘 이전할 것인가를 계획하는 것도 포함되어야 한다.

과제	가족(오너십)	이사회	경영자
가족 가치관/ 임무/ 비전	○		
가족 내 커뮤니케이션	○		
가족 교육	○		
가족 화합	○		
가족 구성원의 갈등 조정	○		
가족 갈등 해결	○		
자선 활동	○	△	△
가족 고용	○	△	△
경영권 승계	△	○	△
배당금/ 분배	△	○	△
주식시장	△	○	
기업 전략	△	○	△
기업 문화	△	△	○
기업 윤리	△	○	△
전략 개발과 실행		△	○
시무			○
고용 관계			○
보상	△	△	○
소유권 승계	○	△	
가족과 기업 관계	○	○	△
이사회 구성	○	○	
이사 선발	△	○	
이사 선출	○		
경영성과 검토	△	○	△
지역 사회와의 관계	△	△	○

• 주요 책임 : ○, 간접 책임 : △

[표 4-2] 가족기업의 주요 영역별 책임

가족의 비전을 실현하는
가족주주 협의회

한 창업자에게 자녀가 4명이어서 그가 오너십을 4명의 자녀에게 동등하게 4분의 1씩 배분했다고 가정해보자. 기업에서는 2명의 자녀만 일하는데, 첫째는 최고경영자와 이사회 의장을 맡고 있고 둘째는 한 사업부의 본부장으로 일하며 동시에 이사회에 참여하고 있다. 그리고 나머지 2명의 자녀는 주식만 가지고 있고 경영에는 참여하지 않는다. 그렇게 되면 [표 4-3]처럼 창업자 한 사람이 맡았던 역할과 권한이 여러 사람에게 분산된다.

이 가족은 오너십이 4명의 자녀에게 분산되어 있다. 따라서 가족기업으로 지속되기를 원한다면 4명이 서로 기업의 비전과 가치, 니즈에 대해 합의해야 한다. 이때 필요한 것이 가족주주 협의회다. 만약 가족들이 미래의 꿈을 공유하고 주주로서 권리와 책임에 관하여 합의할 수 있다면 잠재된 수많은 문제들을 해결할 수 있다.

형제 경영 단계 등 오너십이 분산되는 시기가 되면 먼저 가족주주들

구분	창업자	2세대				
		첫째	둘째	셋째	넷째	총인원
오너십(주주)	○	○	○	○	○	4명
이사회	○	○	○			2명
경영자(CEO)	○	○				1명

[표 4-3] 소유권 분산에 따른 역할 변화

의 소유권 철학에 대한 합의가 필요하다. 즉, 가족 안에서 대를 이어 기업을 유지할 것인지 아니면 각자 판단하여 주식을 매도하거나 보유할 수 있게 할 것인지 의견을 모아야 한다. 만일 가족주주 사이에 서로 의견이 일치되지 않고 가족 일부가 자신의 주식을 시장에 내다 판다면 기업이 존속될 수 없게 되기 때문이다. 가족기업들이 세대를 지날수록 가족기업으로서의 영속성이 불투명해지는 이유도 바로 이 때문이다.

가족주주 협의회에서는 가족의 꿈과 비전뿐만 아니라 주식의 매매, 배당 기준 등 소유권과 관련된 모든 사항을 함께 논의한다. 그리고 가족주주 간에 합의된 사항은 주주 협약서의 형식으로 명문화한다. 미국이나 유럽의 장수 가족기업들이 수대에 걸쳐 100년 이상 영속한 가족기업으로 유지될 수 있었던 가장 큰 이유는 초기부터 소유권 규정을 명확히 했기 때문이다.

세계적인 명품 기업 에르메스는 대표적인 가족기업으로, 1870년에 설립되어 지금까지 5대에 거쳐 한 가문에서 성장, 발전하고 있다. 이들이 5대에 걸쳐 가족 안에서 소유권을 유지할 수 있었던 이유는 바로 가족 안에서 기업을 지속적으로 통제할 수 있도록 시스템이 잘 설계되어 있기 때문이다. 이 기업은 1993년 최초로 주식을 공개했는데, 전체 지분의 20%만 공개하고 80%는 여전히 가족이 보유하고 있다. 주식은 수십 명의 가족들에게 분산되어 있는데, 이 중 6명이 최대주주로 각각 5~10%를 가지고 있다. 주식을 보유한 가족들은 주주협의회를 구성했고 서로 합의하여 주주 협약서를 작성했다. 만일 주식을 매도하려는 가족이 생긴다면 반드시 가족끼리 매매하도록 한 것이다. 그리고 외부인이나 이혼하여 더 이상 가족 관계를 유지할 수 없는 사람은 의결권이 있는 주식을 보유할 수 없도록 했다. 또한 회사의 주요 정책을 결정하거나 경영자를 교체하려면 가족주주 75% 이상의 지지를 얻어야 한다. 이것은 법적 효력을 갖는 주주 협약서로 작성되어 가족헌장에 포함되었다. 결국 주주 협약서는 가족이 기업을 이어가겠다는 공동의 꿈에 합의하고, 가족 간의 분쟁을 예방하려는 의지가 발휘된 결과물로 볼 수 있다.

주주 협약서의 내용은 가족마다 다르지만, 대부분 주식 매매 절차와 매매 가격에 관한 규정을 포함한다. 예를 들어, 주식을 매도하려는 가족이 있다면 가족들에게 가장 먼저 매수권을 준다거나 또는 가족끼리만 매매할 수 있게 하는 것이다. 사촌 경영 단계에 접어든 어떤 가족은 가족 사이의 균형을 맞추고자 사촌끼리 주식을 매매하기 전에 형제들에게 우선적으로 매도하는 협약을 맺기도 한다.

내용을 요약하면 주주 협약서의 주요 목적은 3가지다. ① 소유권에 따른 권리와 책임 규정. ② 소유권을 둘러싼 갈등과 대립 해결. ③ 가족의 통제권을 지속적으로 유지함으로써 가족기업의 소유권 구조 구축.

가족주주들이 서로 협의한 내용을 체계적으로 문서화해두면 주주의 권리 보호를 입증할 수 있을 뿐만 아니라 가족 안에서 기업의 통제권을 유지하고 가족 갈등을 예방하는 데 큰 도움이 된다.

경영계획과 오너계획의
균형을 맞추는 이사회

세대교체로 주식을 가진 가족의 수가 늘어나면, 오너(가족주주)와 경영자 사이에서 이사회가 컨트롤 타워 역할을 수행해야 한다. 가족주주들이 기업에 한 목소리를 낼 수 있도록 공동의 비전과 핵심 가치, 니즈 등을 명문화하는 것을 '오너계획'이라고 한다.[6] 가족들은 [그림 4-4]와 같이 오너계획을 수립하여 이사회에 제시한다. 그리고 기업의 최고경영자는 경영계획을 작성하여 이사회에 제출한다. 이때 이사회는 가족주주의 오너계획과 최고경영자의 경영계획을 검토하여 이해 상충이 없는지 검토하고 이해관계자들 간의 관계를 조정하는 '균형점' 역할을 맡는다.

이처럼 전문적인 의사결정 시스템 구축은 가업승계뿐만 아니라 다음과 같은 상황에 처했을 때도 매우 유용하다.[7]

첫째, 창업자가 자신의 역할에 중대한 변화를 원할 때, 기업 확장에 따라 자신의 역할을 위임하거나 자신의 부재에 대비해 사전 준비할 때, 그리고 가업승계를 진행할 때. 기업이 일정 수준 성장하고 나면 창업자는 '나는 무엇을 하기 원하는가?' '장기적으로 회사에 어떤 일이 발생할 것인가?'를 진지하게 고민해야 한다. 그리고 창업자가 그동안 수행해왔던 여러 역할들을 구분하고, 무엇을, 언제, 누구에게, 어떻게 이전할 것인지 구체적인 이전 계획을 수립해야 한다. 창업자의 역할은 자

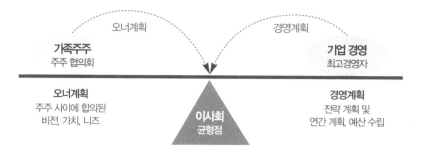

균형점으로서 이사회의 역할

- 오너와 경영자의 역할과 책임을 명확히 한다.
- 오너와 경영자가 각자의 역할과 책임을 다하도록 돕는다.
- 오너와 경영자간 논쟁이 있을 경우 제3자의 관점에서 해결 방안을 논의할 수 있도록 돕는다.
- 오너와 경영자간의 갈등을 조정한다.

[그림 4-4] 균형점으로서 이사회의 역할

신이 회사를 떠나더라도 회사나 가족이 흔들리지 않도록 자신을 대신할 만한 전문적이고 체계적인 의사결정 시스템을 구축하는 것이다.

둘째, 오너와 경영자가 다를 때. 즉, 창업자가 경영 일선에서 물러나고 전문경영인을 영입해 기업을 경영하고자 하는 경우다. 일반적으로 이런 상황을 소유와 경영의 분리라고 하는데, 이런 상황이 되면 주주들은 자신들의 비전과 가치, 니즈를 명확히 해서 '오너계획'을 통해 이를 밝혀야 한다. 사실 중소기업에서 전문경영인을 두는 것은 쉽지 않다. 하지만 기업 규모가 중견기업 정도 되고 자녀들이 회사에서 일하는 것을 원하지 않는다면 이사회의 기능을 전문적으로 잘 구축하여 자녀들이 소유권만 가지고 전문경영인이 기업 경영을 이어갈 수 있게 해야 한다. 소유와 경영을 분리한다는 것은 이런 시스템을 구축했을 때 가능하다. 외국의 가족기업을 보면 자녀들이 경영에는 직접 참여하지 않으나 자녀들 중 일부가 이사회에 들어가 기업을 지배하는 사례는 아주 많다. 그리고 능력 있고 경영에 참여하기를 원하는 자녀가 있다면 최고경영자 역할을 맡는다. 어떠한 경우라도 각 부분의 역할과 책임을 분명히 하고 견고한 지배구조를 구축한다면, 세대교체가 이루어지거나 소유와 경영을 분리하는 경우에도 기업은 혼란을 겪지 않고 더 전문적으로 운영될 수 있다.

셋째, 여러 명의 오너가 존재할 때. 동업을 하는 경우, 기업의 지분을 일부 매각해 주주가 늘어나는 경우, 기업승계를 통해 형제 경영이나 사촌 경영으로 경영 방식이 전환되는 경우에는 전문적인 지배구조가 절실하게 필요하다. 이때 의사결정 시스템을 명확하게 구축하지 않는다면, 주주, 가족, 기업 모두 혼란에 빠지기 쉽다. 어떤 기업이든 지배구조의 중심에는 이사회가 있다. 그런데 이사회가 법률 요건을 맞추기 위한 형식적인 조직에 불과하거나 가족이나 가까운 지인들로 구성되어 제 역할을 하지 못한다면 이런 이사회는 기업에 어떠한 가치도 제공하지 못한다. 가족기업의 경우 가족과 기업, 이사회가 기업 지배구조 안에서 각각 분리될 때 더 활동적이고 건설적인 역할을 수행할 수 있다. 특히 회사의 규모가 커지거나 세대교체를 준비하는 경우에는 독립적인 사외이사를 포함하여 활동적인 전문 이사회의 역할이 더욱 중요해지며, 이는 회사와 가족 모두에게 긍정적인 역할을 한다.

이사회가 더 전문적으로 운영되려면 사외이사를 두는 것이 바람직하지만 기업의 규모가 작은 경우 사외이사를 두는 것은 사실상 쉽지 않다. 따라서 중소기업들은 전문적인 이사회를 두기 전에 사외이사 제도를 보완할 수 있는 자문 위원회를 구성하여 경영자문을 받기도 한다. 물론 가족기업의 경우 가족의 상황에 따라 이사회 규정이나 구조는 달라진다.

GMR :
가업승계의 표준을 제시하다

GMR[8]은 인도에서 에너지, 도로, 공항 등의 기반 사업과 설탕을 중심으로 한 농업 비즈니스를 기반으로 하고 있는 가족기업이다. 창업자는 그란디 말리카르준 라오 회장이다. 그는 2남 1녀를 두고 있는데, 현재 기업에는 라오 회장과 세 자녀(두 아들과 사위)가 함께 일하고 있다. 라오 회장의 아내와 딸, 며느리들은 기업에 참여하지 않으며 그는 6명의 손자와 손녀를 두고 있다. 라오 가족의 가계도는 [그림 4-5]와 같다.

전문화된 지배구조를 구축하기 전까지 회사의 주식은 라오 회장이 보유하고 있었고, 두 아들과 사위가 각각 계열사의 최고경영자를 맡았다. 하지만 지배구조를 전문화하는 과정에서 4명의 가족(라오 회장, 두 아들, 사위)이 합의한 기업의 목표는 '지속적으로 경쟁력 있는 기업'을 유지하는 것이었다. 그래서 가족들은 자신들보다 더 경쟁력 있는 전문경영자를 영입하고 경영에서 손을 뗐다. 대신 지주회사의 이사회에 들어가 공동으로 그룹에 속한 기업들을 지배하고 있다. 지배구조의 변화는 [그림 4-6]에서 잘 알 수 있다. 또한 이런 변화는 가족들이 각자 자회사를 맡는 경우 경쟁심 때문에 그룹 전체의

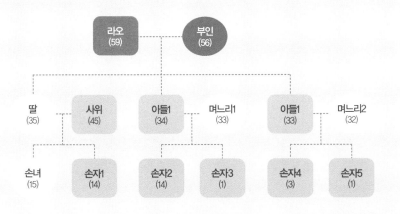

* ( )에 있는 숫자는 나이를 말함.

[그림 4-5] 라오 가족의 가계도

이익보다는 자신이 맡은 부분을 더 잘 되게 하려는 이기주의에 갇히는 것을 방지하고 시너지를 높이기 위한 것이다.

지배구조에 변화를 주면서 그룹 이사회는 라오 회장과 세 자녀(두 아들과 사위) 그리고 사외이사 2명으로 구성했다. 지주회사 이사회는 높은 수준의 전략계획 통제, 연간 운영계획의 승인 그리고 미래 리더 그룹 개발 등의 역할을 수행한다. 자녀들은 각자의 장점과 약점을 분석한 다음 자신에 맞는 프로젝트를 맡을 수 있도록 역할과 책임을 새롭게 규정했다. 그리고 자녀들이 모든 분야에서 경험을 쌓을 수 있도록 회사의 핵심 부분을 3년마다 돌아가며 맡기로 했다. 기업의 오너십은 신탁을 통해 라오 회장과 3명의 자녀가 1/4씩 동등하게 보유하도록 하여 실질적인 형제 경영 체제를 갖추었다.

가족들은 현재 그리고 후세대 가족들이 겪을 수 있는 갈등이나 경쟁을 예방하고, 가족들이 지속 가능한 기업을 유지할 수 있도록 가족헌장을 제정하

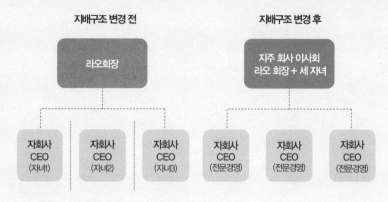

지배구조 변경 전

라오회장

지배구조 변경 후

지주 회사 이사회
라오 회장 + 세 자녀

자회사
CEO
(자녀1)

자회사
CEO
(자녀2)

자회사
CEO
(자녀3)

자회사
CEO
(전문경영)

자회사
CEO
(전문경영)

자회사
CEO
(전문경영)

＊세로 점선은 사실로 현상을 의미함.

[그림 4-6] GMR 지배구조 전문화 과정

기로 했다. 그리고 그 안에 포함될 수많은 규정을 합의하는 데 오랜 시간과 열정을 쏟아부었다. 처음에는 라오 회장과 세 자녀 그리고 배우자를 포함한 8명의 가족이 이틀 동안 가족 포럼을 개최했다. 가족회의를 하면서 가족들은 서로 미래에 대한 비전이나 경영 방식이 다르다는 것을 확인할 수 있었다. 그래서 먼저 가족들이 함께 지켜갈 가족 공동의 꿈과 핵심 가치를 도출하고 합의했다. 이후에도 여러 차례 가족회의를 거쳐 다양한 이슈를 논의했으며 점차 합의점을 찾아갔다. 물론 가족 간 의견 차이나 감정적인 문제로 어려운 시간을 겪기도 했다. 하지만 이런 과정을 함께 겪으며 가족들은 가족 관계가 가장 중요하다는 것에 깊이 공감했다. 가족헌장에 들어갈 모든 내용을 확정하고 모든 가족들이 함께 문서에 서명하기까지 수십 차례 가족회의가 진행되었다. 그리고 라오 회장 부부와 세 자녀 그리고 배우자를 포함하여 총 8명이 합의한 가족헌장에 서명을 했다.

라오 가족의 가족헌장

- 가족의 비전과 가치, 행동 규정
- 회사와 가족에 대한 소개
- 지주 회사 이사회의 역할과 운영 규정
- 계열사의 이사회 운영 규정
- 가족 위원회, 가족 비즈니스 포럼, 가족 포럼 운영 방법
- 가족 활동을 지원할 가족 펀드
- 가족 고용 규정
- 은퇴와 승계 규정
- 가족헌장의 개정

GMR의 가족헌장에서 몇 가지 내용을 간략하게 소개하면 다음과 같다.

- **가족의 비전과 가치, 행동 규정** : 가족이 추구하는 가치는 가족의 정체성을 나타내며, 기업 문화의 기초가 된다. 그리고 가족의 핵심 가치를 바탕으로 가족의 행동 규범을 제정하여 가족의 유산으로 이어갈 수 있도록 했다.
- **가족 위원회** : 라오 회장 부부와 자녀 부부 총 8명으로 구성되며, 그 목적은 가족 간의 커뮤니케이션을 통해 건강하고 효과적인 관계를 유지하고, 가족들의 스튜어드십을 개발하는 것이다. 가족 위원회는 2달에 한 번씩 개최하며, 가족 전체가 함께하는 여행을 계획하거나 자녀들에게 전통과 가치를 교육하는 일 등을 협의한다.
- **가족 비즈니스 포럼** : 기업에서 일하는 4명의 가족으로 구성되며 2달에 한 번씩 비즈니스 성과와 회사의 미래 성장 계획 등을 검토한다. 가족 비

즈니스 포럼은 가족주주 협의회와 같은 역할을 맡고 있다.

- **가족 포럼** : 회사에서 일하지 않는 여성 배우자 4명으로 구성되며, 2달에 한 번씩 가족 간의 감정적 연대와 관계를 강화하는 것을 주요 목적으로 한다.

- **가족고용 규정** : 3세대 자녀들이 향후 기업에서 일하기 원한다면 대학을 졸업하고 최소 3년 이상 외부에서 훈련을 받아야 한다. 가족이라고 해서 특별한 혜택을 받을 수 없으며 일반 직원들과 같은 방식으로 성과를 평가받고 진급한다. 단, 기업에 참여할 수 있는 후세는 혈족에 한하며 가족의 배우자는 참여하지 못한다.

- **은퇴와 승계 규정** : 라오 회장이 은퇴 계획을 공식적으로 표명하면 두 아들과 사위는 서로 합의하여 만장일치 방식으로 회장을 선임한다. 만일 만장일치가 되지 않는다면, 사외이사 2명과 외부 인사 1명으로 구성된 후계자 선정 위원회를 구성한다. 위원회에서는 후보자를 모두 인터뷰해서 최종 후계자를 선정한다. 그리고 그 결과는 법적 효력을 갖도록 한다. 라오 회장의 은퇴는 어떤 경우에도 70세를 넘기지 않으며, 이사회에 참석하는 3세대 자녀들의 은퇴는 65세로 정했다.

가족헌장을 제정하는 일은 많은 시간이 소요되며 가족들의 인내를 요구한다. 각자의 생각과 입장이 다르고, 서로 경쟁심을 갖고 있는 경우 가족들이 꿈을 공유하고 합의점을 찾기란 쉽지 않기 때문이다. 하지만 이런 인내와 시간 투자가 없다면, 창업자가 사망하고 나서 가족들이 겪게 될 수많은 문제

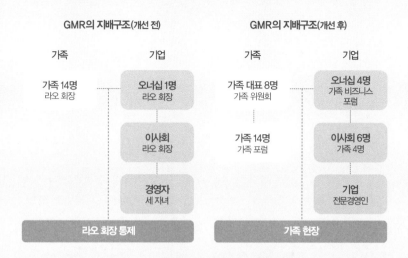

[그림 4-7] GMR의 지배구조 개선 전후 상황

들을 체계적으로 해결할 방법이 없다. 그러므로 창업자들은 자신들이 건재할 때 자녀들과 함께 미래를 계획하고 자녀들이 성공적으로 함께 일할 수 있는 시스템을 구축하라. 가족과 기업을 모두 지킬 수 있는 유일한 방법이다.

[그림 4-7]은 GMR의 지배구조 개선 전후 상황을 비교한 것이다. 개선하기 전에는 오너십과 이사회 모두 라오 회장에게 지배적인 권한이 있었다. 자녀들은 각 계열사의 경영자로 참여했지만 라오 회장의 통제를 받았다. 하지만 라오 회장의 부재를 대비해 오른쪽 모습처럼 지배구조를 개선했다.

가족 측면에서 보면, 이제 가족의 주요 의사결정은 라오 회장 부부와 세 자녀, 그리고 그들의 배우자가 함께 참여하는 가족 위원회에서 이루어진다. 전 가족이 참여하는 가족 포럼에서는 가족여행이나 가족행사 등 가족 간의 화합과 결속을 강화하기 위한 다양한 프로그램을 운영한다.

기업 측면에서 보면, 지배구조의 가장 상위에 있는 것은 가족 비즈니스 포럼으로 여기에는 오너십을 1/4씩 갖고 있는 라오와 세 자녀(두 아들과 사위)가 소속되어 있다. 이는 가족주주 협의회와 같은 역할을 하는 조직이다. 이사회는 라오와 세 자녀(두 아들과 사위) 그리고 2명의 사외이사로 구성되어 있다. 마지막으로 기업 경영은 전문경영인이 맡고 있다. 이와 같이 체계적인 의사결정 시스템이 구축되어 있어 어느 누구도 독단적으로 기업을 운영할 수 없으며, 중요한 의제가 있으면 각 지배 기구에 속한 사람들은 그 책임과 역할에 따라 서로 합의해야 한다. 그리고 각 지배 기구의 구체적 운영 방식은 가족헌장에 명문화되어 있어 이를 따르면 된다. 이 회사는 지배구조 개선 덕분에 라오 회장의 갑작스러운 유고가 생긴다고 해도 가족이나 기업 양쪽에 큰 문제가 없을 것이다.

자산 상속을 위한
세금계획

　가족기업 경영자들이 생각하는 가업승계의 최대 걸림돌은 세금이다. 중소기업중앙회에서 실시한 '중소기업 가업승계 장애요인 조사'에 따르면 상속·증여세 부담이 가업승계에 걸림돌이 된다는 의견이 71%였다. 현행 세법상 가업승계 목적으로 증여나 상속을 하는 경우 30억 원을 넘으면 50%의 막대한 세금을 내야 하기 때문이다. 더구나 상속인이 최대주주인 경우에는 '경영권 프리미엄 할증평가제'에 따라 65%까지 세율이 올라간다(현재 중소기업은 유예). 우리나라의 상속·증여세율은 [표 4-4]와 같은데, 세계에서도 가장 높은 수준이다. 기업의 규모가 커지면 커질수록 문제가 커질 수밖에 없다.

　만약 상속이 일어나는 시점에 상속세를 납부할 재원이 마련되어 있지 않다면 어떻게 될까? 주식을 팔아 상속세를 충당해야 할 것이다. 만약

과세표준	세액계산
1억 이하	상속·증여 과세표준 x 10%
1억 초과~5억 이하	상속·증여 과세표준 x 20%-1000만 원
5억 초과~10억 이하	상속·증여 과세표준 x 30%-6000만 원
10억 초과~30억 이하	상속·증여 과세표준 x 40%-1억6000만 원
30억 초과	상속·증여 과세표준 x 50%-4억6000만 원

[표 4-4] 상속·증여 과세표준에 따른 세율

이런 방식으로 2~3대 내려가면 경영권을 유지하기 힘든 수준으로 지분이 떨어져 기업이 공중 분해될지도 모른다. 이런 이유로 가업승계 기업들의 상속·증여세 부담의 스트레스 정도는 심각한 수준이다. 2016년 중견기업 대상 가업승계 실태조사에 따르면, 중견기업의 72%는 상속·증여세에 대한 조세 부담 때문에 승계계획조차 없다고 답했다.

기업의 규모가 커지면 세무사나 회계사들도 세금 문제 앞에서는 속수무책인 경우가 많다. 이런 현실을 개선하기 위해서는 정부의 가업승계 세제지원제도가 보완·확대되어야 하겠지만, 창업주들 또한 철저한 사전 준비가 필요하다.

다행히 중소기업의 경우 '가업상속공제 제도'가 마련되어 있어 이 제도를 잘 활용한다면 상속·증여세 문제를 효과적으로 해결할 수 있다. 하지만 이 제도는 사전, 사후요건이 까다롭기 때문에 이를 활용하기 위해서는 제도를 꼼꼼히 살펴보고 10년 이상의 미래 전략을 바탕으로 장기적인 준비가 필요하다.

가업상속공제 제도
활용법

현행 세법에는 중소기업과 일부 중견기업의 상속세 부담을 덜어주기 위해 최대 500억 원까지 가업상속공제를 해주고 있다. 가업상속공제는 중소기업 등 매출 3000억 원 이하의 기업을 대상으로 하며, 거주자인 피상속인(경영자)이 10년 이상 영위한 기업으로, 영위기간에 따라 10년 이상인 경우 최대 200억 원, 15년 이상은 최대 300억 원, 20년 이상은 최대 500억 원까지 상속재산가액에서 차감해준다.

예를 들어, 창업자가 30년간 경영했고, 연매출이 2000억 원인 중견기업(주식가치 800억 원)의 창업자가 사망하여 4년 전부터 근무한 아들(40세)이 기업을 승계했다고 가정해보자. 일반상속으로 승계한 경우에는 상속세가 약 353억 원이지만 가업상속공제를 받는 경우에는 128억 원으로 225억 원 절세가 가능하다([표 4-5]).

하지만 이런 혜택을 받기 위해서는 사전요건을 충족해야 한다. 피상속인(경영자)이 상속개시일 기준으로 거주자여야 하며, 10년 이상 또는 가업에서 일한 전체 기간의 50% 또는 사망일로 소급하여 10년 중 5년 이상의 기간 중 어느 하나에 해당하는 기간을 대표이사로 재직했어야 한다. 상속인(후계자) 역시 18세 이상의 거주자여야 하며, 상속개시일 전 2년 이상 직접 가업에 종사하고, 상속세 신고기한부터 2년 이내 대표이사로 취임하는 등 엄격한 조건을 지켜야 한다([표 4-6]).

일반세법 적용		항목	가업상속공제 적용
800억		상속재산가액	800억
없음	−	가업상속공제	500억
5억	−	일괄공제	5억
795억	=	상속세과세표준	295억
50%	×	상속세율	50%
392.9억	=	산출세액	142.9억
39.29억	×	신고세액공제	14.29억
353.61억		납부세액	128.61억

[표 4-5] 일반상속과 가업상속공제 상속세 비교

자녀들이 여러 명 회사에 일하는 경우 눈여겨보아야 할 조항이 있다. 만약 1개의 기업을 2명의 자녀가 공동 상속하는 경우 대표를 맡는 자녀의 승계지분에 대해서만 가업상속공제가 적용된다. 단, 기업이 2개 이상인 경우 자녀들에게 기업별로 상속하더라도 총 한도 내에서 가업상속공제가 가능하다.

가업상속공제는 사전요건을 충족시켜야 하는 동시에 10년간 사후의무도 준수해야 한다. 만일 7년 내에 위반하는 경우 공제받은 세금 100%에 이자 상당액을 가산하여 추징한다. 사후의무규정에 위반되는 사항은 다음과 같다.

- 상속인이 가업에 종사하지 아니하게 된 경우(대표이사 사임)
- 주식을 상속받은 상속인의 지분이 감소한 경우(상속세 불납으로 감소된 경우 제외, 최대주주 요건 충족 필요)

구분		내용
기업상속재산		• 법인사업자 : 법인의 주식(단, 사업무관자산은 제외)[1] • 개인사업자 : 사업용 자산가액에서 사업용 부채가액을 뺀 순자산가액
공제금액 한도		**가업영위기간** / **상속공제액**
		10년 이상 ~ 15년 미만 / 가업상속재산가액의 100% (200억 원 한도)
		15년 이상 ~ 20년 미만 / 가업상속재산가액의 100% (300억 원 한도)
		20년 이상 / 가업상속재산가액의 100% (500억 원 한도)
공제 요건	가업	• 피상속인이 10년 이상 계속 가업경영 • 매출액 3천억 원 미만의 중소·중견기업(상호출자제한집단 내 기업 제외)[2] • 최대주주 중 피상속인 1인에 한하여 적용(동일 회사에 추가 적용 불가)
	피상속인 (거주자)	• 재직요건 : 10년 이상 or 전체가업기간 50% 이상 또는 사망일부터 소급 하여 10년 중 5년 이상 대표로 재직 • 지분율 : 피상속인 및 특수관계자 지분 합계가 10년 이상 최대주주이면서 50%(상장기업 30%) 이상 보유
	상속인 (거주자)	• 상속개시일 현재 18세 이상 • 상속개시일 전 2년 이상 직접 가업종사(상속인의 배우자 경우도 요건충족, 피 상속인이 65세 이전 또는 천재지변 및 인재로 사망하는 경우 예외) • 1개 기업을 공동 상속한 경우 : 대표이사 상속분에 한해 공제 • 가업이 2개 이상인 경우 : 상속공제 한도 내에서 기업별 상속공제 허용 • 상속세 신고기한까지 임원 취임하고 신고기한으로부터 2년 내 대표이사 취임
가업상속공제 미적용 업종		• 조세특례제한법 적용 일반숙박업, 유흥음식점, 주차장운영업, 금융보험업, 부동산임대업 및 공 급업, 법무/회계서비스업, 교육서비스업(학원 등), 경기장운영업(골프장 등), 기타 오락관련 서비스업(게임장, 노래방 등), 기타서비스업(미용실, 목욕탕, 세 탁업, 예식장 등) • 영농상속공제대상 : 농업, 축산업, 임업, 어업 영농상속공제 대상

1) 사업무관자산 : 비영업용 및 임대용 부동산, 대여금, 영업과 관련 없는 주식 및 채권, 금융자산, 과다현금보유액,
비사업용 토지, 임대부동산 등.

2) 법인을 인적분할한 경우 분할 전 법인의 사업개시일부터 사업기간을 기산하며, 분할 전 법인이 가업공제 요건인
3000억 원을 초과하는 경우에는 적용 불가.

[표 4-6] 가업상속공제 사전요건

- 가업의 주된 업종을 변경하는 경우(소분류 내 업종변경은 허용)
- 정규직 근로자 수가 상속 기준고용인원(사망 전 2년 평균 근로자 수) 의 80%에 미달하는 경우(매년 판단)
- 상속 개시 후 10년간 정규직 근로자 수의 평균이 기준고용인원의 100%에 미달하는 경우(중견기업 120%)

사후의무규정 중 기업주들이 가장 곤란해 하는 부분은 고용유지 의무이다. 예컨대 상속 시 기준고용인원이 100명이라고 가정했을 때, 가업상속을 받은 지 6년 후 75명으로 감소했다면 사후의무를 위반한 것으로 본다. 또한 10년 동안 일정기간 최소 80%까지 떨어지는 것은 가능하지만, 10년 후 평가해서 10년간의 정규직 근로자 수 평균이 100명 미만이면 사후의무규정 위반이 된다. 만약 상속 후 중소기업 규모를 벗어나 중견기업이 된다면 평균고용인원이 최소 120명 이상이 되어야 한다.

상속에 대한 가장 큰 고민 중 하나는 상속세 납부에 관한 것이다. 다행히 상속세는 다음과 같은 일정한 요건을 갖춘 경우 연부연납이 가능하므로 이를 활용하는 것도 좋은 팁이 될 수 있다.

- 상속세액이 2000만 원 초과 시 신고기한 내 연부연납신청
- 허가일로부터 5년간 분납(가업상속재산의 경우 최장 3년 거치 12년 분납 가능)
- 첫해 1/6을 납부하고 5년간 5회에 걸쳐 1/6씩 납부

- 이자 성격의 연부연납가산금 부과(국세환급금의 이자율 1.8%)

　중소기업에게 가업상속공제 제도는 매우 효과적인 상속·증여의 수단이다. 이를 잘 활용하기 위해서는 철저한 사전 준비를 바탕으로 전문가들의 도움을 받아 기업가치의 평가, 세부담 최소화 방안, 상속세 재원 마련 등을 종합적으로 고려한 마스터플랜을 수립하는 것이 필요하다.

증여세과세특례 제도의
활용

　　　　　앞서 소개한 가업상속공제는 경영자가 사망한 후에 적용할 수 있는 제도다. 하지만 경영자의 고령화에 따라 현재 60대의 경영자라도 상속이 일어나는 시점은 20년 후, 심지어 30년 후가 될 수 있다. 현재 중소기업 수준으로 가업상속공제 대상에 해당된다고 할지라도 상속이 일어나는 시점에 기업 가치는 어떻게 변하게 될지 예측하기 어렵다. 만약 소유권이 넘어가지 않은 상태에서 후계자가 경영권을 맡아 재도약의 발판을 마련한다면 중견기업을 넘어 대기업이 될 수도 있다. 그렇게 되면 세금 측면에서 더 큰 어려움에 직면하게 될 것이다. 그러므로 현재 중소기업 수준이라고 하더라도 가업상속공제만 바라보고 있어서는 안 된다. 가급적 기업 규모가 작을 때 자녀에게 양도

하는 방안이든 사전증여든 다양한 각도에서 검토하고 상속 문제를 일찍부터 준비해야 한다. 가업상속공제의 문제점을 보완하고 경영자가 생전에 자녀에게 가업을 계획적으로 상속하도록 하기 위해 만든 제도가 있는데 바로 '증여세과세특례' 제도다. 가업상속공제 제도와는 달리 개인 기업은 해당하지 않으며, 핵심은 내용은 다음과 같다.

① 매출액 기준 3000억 원 미만의 중소·중견기업을 10년 이상 계속 경영한 60세 이상의 거주자인 부모가,

② 증여세 신고기한까지 가업에 종사하고 있는 18세 이상인 거주자인 자녀(1인만 해당)에게,

③ 해당 가업의 승계를 목적으로 주식 또는 출자 지분을 증여하여 기업을 승계하는 경우에는

④ 100억 원을 최고 한도로 증여세 과세가액에서 5억 원을 공제하고, 30억 미만은 10%, 30억 초과금액에 대해서는 20%의 세율을 적용하여 증여세를 부과한다.

예컨대 20년간 중소기업을 운영한 65세의 경영자가 총 주식가치 200억 원인 기업의 주식 중 절반인 100억 원을 40세의 아들에게 증여했다고 가정해보자. 100억 원에 대하여 일반증여세율을 적용하면 증여세가 40억 6400만 원이 된다. 하지만 과세특례를 적용할 경우 16억 원으로 낮아지며 24억 원의 과세이연 효과가 있다([표 4-7]).

일반증여	항목	증여세과세특례	
		30억 이하분	30억 초과분
100억	증여재산가액	35억	65억
0.5억	− 일괄공제	5억	−
99.5억	= 증여세과세표준	30억	65억
50%	× 증여세율	10%	20%
45.15억	= 산출세액	3억	13억
4.51억	− 신고세액공제	없음	
40.64억	= 세액	3억	13억
40.64억	총 납부세액	16억	

[표 4-7] 일반상속과 증여세과세특례 증여세 비교

과세가 이연된다는 의미는, 일반증여의 경우에는 상속개시 10년 이 내의 증여분만 상속재산으로 합산되지만 증여세과세특례가 적용된 증 여자금은 기간에 관계없이 증여 당시의 평가액으로 상속재산에 산입되 어 상속세를 다시 계산한다는 것이다.

[표 4-7]을 보면 100억 원으로 증여받은 주식이 실제 상속이 발생했 을 때 200억 원으로 상승했거나 또는 70억 원으로 하락되었다 하더라 도 최초의 증여가액인 100억 원을 상속재산에 다시 산입하여 상속세를 계산한다. 증여세과세특례 제도는 현재 주식평가액이 낮으나 향후 주 식평가액이 높아질 것으로 예상되는 경우에는 유리하지만, 향후 주식 평가액이 현재보다 낮아질 것으로 예상된다면 불리할 수도 있다. 그러 므로 회사의 미래 방향이나 전략 등 여러 가지 상황을 검토하여 신중 하게 적용해야 한다.

이 제도도 7년간 사후관리요건이 존재하는데, ① 수증자가 증여일 부터 5년 이내 대표이사로 취임하지 않거나, ② 주된 업종을 소분류가 다른 업종으로 변경하거나, ③ 가업을 1년 이상 휴·폐업하거나, ④ 증여받은 주식 등의 지분이 줄어드는 경우에는 일반증여 재산으로 보아 이자상당액과 함께 증여세율로 증여세를 다시 부과받게 된다.

창업자금의 증여세과세특례

출산율 저하 및 고령화에 따라 국가경제차원에서 부의 조기이전을 통해 고용창출, 경제 활성화, 청년실업 등의 문제를 해결하기 위해 도입된 제도가 창업자금에 대한 증여세과세특례 제도 다. 이 제도의 핵심은 사전 증여 시 증여세 과세가액(30억 원 한도)에서 5억 원을 공제한 후 10%의 단일 세율로 증여세를 계산한다는 것이다. 증여세과세특례와 중복 적용은 할 수 없으나, 가업승계자가 아닌 자녀 도 해당되므로 승계를 받지 않는 자녀들을 위한 증여 방법으로 유용하 게 활용할 수 있다. 단, 한 자녀가 창업 자금을 2회 이상 증여받거나 2 명 이상의 자녀가 부모에게서 각각 증여를 받는 경우에는 각각의 증여 세 과세가액을 합산해 적용한다. 이 제도를 적용하기 위해서는 다음과 같은 요건들을 충족해야 한다.

① 18세 이상의 자녀가 60세 이상의 부모로부터 창업을 위해 자금을 증여받는 경우에 한다.

② 특례자금은 30억 원을 한도로 하며, 10명 이상을 신규 고용하는 경우 50억 원을 한도로 한다.

③ 증여세과세가액에서 5억 원을 공제한 후 10%의 단일 세율로 증여세를 계산한다.

④ 창업자금은 현금, 채권, 소액주주 상장주식 등은 가능하지만 토지, 건물 등 양도세 과세대상의 재산은 제외한다.

⑤ 창업자금을 증여받은 자는 1년 이내에 중소기업(개인 또는 법인)을 설립하고 관할세무서에 사업자등록을 한 후 실제로 독립적인 경영을 해야 한다. 그리고 3년 이내에 창업자금을 모두 해당 목적(창업기업에 직접 사용되는 토지, 건축물, 기계장치 등 사업용 자산을 취득하기 위한 자금이나 사업장의 임차보증금 및 임차료 지급액 등)으로 사용해야 한다. 창업 업종은 조세특례제한법상 중소기업이어야 하며, 농업·축산업·어업·도소매업·과세유흥장소 영위업 등은 제외한다. 그리고 합병, 분할, 현물출자 또는 사업의 양수를 통해 기존의 사업을 승계하거나 개인 사업을 법인으로 전환하는 경우, 폐업 후 사업을 다시 개시해 폐업 전과 같은 종류의 사업을 하는 경우, 사업을 확장하거나 다른 업종을 추가하는 등은 창업으로 보지 않으니 유의해야 한다.

⑥ 창업자금 증여세과세특례 신청서를 증여세 신고기한 이내에 관

할세무서장에게 제출하여야 하며, 창업자금 사용 내역을 4년 이내 매 과세연도에 제출해야 한다.

가령 65세 부모가 35세 자녀에게 창업자금으로 20억 원을 증여했다고 가정해보자. 일반증여의 경우 5억 7660만 원의 증여세를 납부해야 하지만, 창업자금증여 시에는 1억 5000만 원을 납부하게 되어 4억 2660만 원의 과세이연 효과가 있다([표 4-8]).

창업자금 증여는 10년 이내 다른 증여와 합산과세하지 않는다. 하지만 증여세과세특례 제도와 같이 기간과 상관없이 증여 당시의 평가액으로 상속재산에 산입되어 상속세로 다시 정산된다. 또한 창업자금 과세특례 제도의 악용을 방지하기 위해 10년간 사후관리를 엄격하게 하고 있다. 만약 증여를 받고 1년 이내 창업하지 않거나, 3년 이내 창업자금을 전액 사용하지 않는 경우, 또 창업 후 10년 내 휴·폐업 등의 사유가 발생하면 증여 당시의 증여세액에 이자까지 추징하도록 규정하고 있으므로 제도의 취지를 잘 이해하고 활용해야 한다.

이상 소개한 상속·증여세 관련 과세특례 제도는 2017년 시행기준이다. 상속·증여 과세특례 제도는 수년에 걸쳐 지속적으로 수정, 보완되었으며 향후에도 정부의 정책에 따라 지속적으로 변경될 수 있기 때문에 제도의 변화를 살펴서 승계전략을 업데이트해야 한다.

일반증여		항목	창업자금증여
20억		증여재산가액	20억
0.5억	−	증여공제	5억 원
19.5억	=	증여세 과세표	15억
40%	×	증여세율	10%
6.2억	=	산출세액	1.5억
0.434억	−	신고세액공제 7%	−
5.766억		납부세액	1.5억

[표 4-8] 일반상속과 창업자금증여 증여세 비교

상속증여 세금계획은
빠를수록 좋다

원활한 가업상속을 위해서는 과세특례 제도를 최대한 활용해야겠지만 그것만 믿고 있다가는 나중에 큰 어려움을 겪을 수 있다. 따라서 과세특례 제도를 활용하는 전략과 함께 상속·증여세 부담을 최소화하기 위한 세금계획Tax Planning도 병행해서 준비해야 한다. 이를 위해서는 먼저 상속세 및 증여세 계산구조를 정확히 이해하고 사전계획에 따라 준비가 이루어져야 한다.

상속세 및 증여세 계산구조([표 4-9])를 요약해보면, ①상속·증여 재산가액을 확정하고 여기에서 각종 ②공제를 차감하면 과세표준이 된다. 과세표준은 ③세율을 결정하는 기준이 되며 그 금액에 따라 10~50%까지 해당 세율을 적용하면 ④납부세액이 확정된다.

	계산구조 요약	목표
	① 상속·증여 재산가액	최소화
−	② 공제	최대화
=	과세표준	
x	③ 세율	최저세율
=	④ 납부세액	최소화 및 납부 재원 마련

[표 4-9] 상속·증여세 계산구조

세금계획을 세우는 궁극적인 목표는 두 가지다. 첫째는 ④납부세액을 낮추어 세금부담을 최소화하는 것이다. 이를 위해서는 ①상속·증여 재산가액을 최소화하고, ②공제를 최대화하며 ③세율의 최저 적용을 위한 전략을 수립해야 한다. 둘째는 상속세 납부 재원을 마련하는 것이다. 아무리 좋은 기업을 만들어 놓았어도 상속세 재원을 준비하지 못해 주식을 처분해야 하는 상황이 온다면 경영권을 잃는 상황이 발생할 수 있다. 만약 과세특례 제도를 활용한다고 하더라도 가업승계 시에는 막대한 세금이 부과될 수 있기 때문에 사전에 납부 재원을 마련할 대책을 세워놓아야 한다.

자녀에게 기업을 물려주기 위해서는 세금의 문턱을 넘어야 하지만, 가업승계를 코앞에 둔 상황에서 상속·증여세를 획기적으로 줄이는 것은 거의 불가능하다. 이 때문에 전문가들은 이구동성으로 중장기적인 절세방안이 필요하다고 얘기한다. 이런 절세방안 중 가장 빈번하게 사용하는 방법은 1세대가 사망하기 오래전부터 2세대에게 기업 주식을 비롯한 부동산, 현금 등을 증여하는 것이다. 이 전략이 어떻게 효과적인지 살펴보자.

첫째, 주식·부동산·현금 등의 자산은 현재가치보다 미래가치가 높기 때문에 일찍 상속할수록 조세 부담, 즉 ④납부세액이 줄어든다. 예컨대, 부모가 자녀에게 현재 1억 원을 증여한다면 증여세로 700만 원만 납부하면 된다. 만약 1억 원을 매년 10%씩 수익을 내는 금융상품에 투자했다고 가정해보자. 현재의 1억은 10년 후에는 2억 6000만 원이 된다. 만약 10년 후 증여를 한다면 증여세가 3600만 원으로 늘어나게 되는 셈이다. 만약 사전 증여를 하지 않고 상속으로 다른 자산과 합산한다면 최대 50% 즉, 1억 3000만 원을 상속세로 내게 될 수도 있다. 특히 1세대가 2세대에게 사전에 회사 주식을 증여하는 경우 그 회사가 성장 산업이라면 ①상속·증여 재산가액을 낮추어 절세 효과를 극대화할 수 있다.

둘째, 현금이나 부동산 등을 물려주는 경우 후계자에 대한 상속·증여세 납부 재원을 마련하는 수단으로도 활용할 수 있다. 특히 임대수입이 있고, 매매가격 대비 기준시가가 낮고, 앞으로 크게 상승할 것으로 예상되는 부동산을 부담부증여한다면 효과는 더 커진다. 그리고 증여한 자산을 통해 형성되는 현금흐름으로 계약자 및 수익자를 상속인으로 하여 생명보험에 가입하여 상속세 납부 재원으로도 활용할 수 있다. 단, 증여 후 5년 이내 상속이 일어나는 경우 보험금이 상속재산으로 합산될 수 있음을 유의해야 한다.

셋째, 상속세는 피상속인이 사망한 시점을 기준으로 하는데, 10년 이내에 증여한 재산은 합산하지 않는다. 배우자나 자녀에게 상속이 일어나기 10년 이전에 사전증여를 한다면 상속·증여 재산가액에서 제외되므로 상속세를 절감하는 효과를 볼 수 있다.

대부분의 부모들이 증여를 서두르지 않는 이유는 자녀들에게 너무 일찍 재산을 증여하면 자녀들이 잘못되지는 않을까, 주식을 일찍 넘겨주는 경우 통제권을 잃게 되지는 않을까 하는 염려 때문이다. 하지만 다음 신탁 소개에서 나오는 '자기신탁'을 활용하는 경우 증여를 하더라도 부모가 계속 자산에 대한 통제권을 유지할 수 있다. 그러므로 여러 가지 제도를 활용하고, 가급적 상속·증여 계획은 빠를수록 좋다는 것을 인식해야 한다.

주식의 가치가 낮을 때 증여하라

상장기업의 주식은 상속·증여 시점 전후 2개월 평균 시가로 상속·증여가액을 평가한다. 그러므로 사전증여를 하려면 경기불황 등으로 주식가격이 떨어졌을 때 해야 증여세를 절약할 수 있다. 하지만, 비상장주식은 정해진 시가가 없어 상속, 증여, 양도 시 보충적 평가방법으로 주식가격을 평가하는데, 여기에는 회사의 재무와 손익상황이 반영된다. 보충적 평가방법이란 회사의 재무 상태를 반영한 순자산가치(재무제표상의 순자산)와 회사의 손익을 반영한 순손익가치(3년간 손익계산서상 손익반영)를 2 : 3의 비율로 가중 평균한 금액으로 평가한다. 단, 평가금액이 순자산가치의 70%(2018년 4월부터는 80%)에 미달하는 경우에는 순자산가치의 70%를 주식평가금액으로 한다.

예컨대 1주당 순자산가치가 1만 원, 순손익가치가 3000원인 회사가 있다면, 아래 ①의 보충적 평가방법 적용해 계산할 때 1주당 5800원이 된다. 그리고 ② 순자산가치만으로 평가한 경우 1주당 7000원이 된다. 이때 ①과 ②의 값을 비교해 금액이 더 큰 1주당 7000원이 주식평가액이 된다.

① 보충적 평가방법
  (1만 원/주 × 2 + 3000원/ 주 × 3) ÷ 5 = 5800원/주
② 순자산가치 평가
  1만 원/주 × 70% = 7000원/주

비상장주식은 평가액이 낮아지면 관련 세금도 줄어들게 되므로 상속이나 증여를 고려할 때 주식가격이 저평가 될 수 있도록 관리를 하는 것이 필요하다. 주식가치를 낮추기 위해서는 순자산가치와 순손익가치를 낮추는 방안을 활용해야 한다.[9] 단, 주식가격의 하락은 금융거래에 영향을 미치므로 주거래은행과 거래하는데 문제가 없도록 해야

하며 동시에 세무조사에 대한 리스크도 관리해야 한다.

순자산가치를 낮추는 법
- 주주에게 배당
- 부실채권은 대손 증빙을 갖추거나 싼 가격에 정리
- 쓸모없는 재고는 관련 증빙을 갖추어 싼 가격에 정리
- 부동산은 싼 시점에서 평가
- 부동산이 시세보다 과대평가되었다면 시세로 감정
- 건물 등의 유형자산은 빨리 감가상각

순손익가치를 낮추는 방법
- 이익(손실)이 많은 사업부분을 합병(분할)
- 매출귀속시기를 연기
- 감가상각은 빨리 상각
- 퇴직연금 가입
- 특별상여금 등은 빨리 확정지어 지급
- 미래의 추정이익으로 순손익가치 산정 가능한지 검토

세금과 관련된 작업은 반드시 전문가와 상의해서 장기적인 계획을 세워 차근차근 준비하는 것이 가장 바람직하다. 하지만 절세전략이 최상의 해법은 아니다. 세금계획을 수립하기 전에 먼저 기업의 비전, 가

족관계, 가족 갈등 예방 등의 이슈를 반영하여 건강한 가족과 튼튼한 기업을 이어갈 장기 전략을 수립해야 한다. 세금계획은 그 비전을 지원할 수 있는 가장 효과적인 방법을 찾는 것이어야 한다.

유언보다 효과적인 신탁

세계적인 부자들이 거래하는 스위스 은행에서 전 세계 고객을 대상으로 자신의 자산 관리와 관련해 가장 관심을 두는 부분이 무엇인지 설문조사를 했다. 그중 상위에 들어간 것이 자녀들의 미래, 즉 돈 때문에 자녀들의 인생이 잘못되지는 않을까 하는 것과 성공적인 부의 세대 이전이었다. 이런 관점에서 봤을 때 자산 상속 플랜의 첫 번째 기준은 절세나 투자수익보다는 자녀들의 행복에 초점을 두고, 자녀들이 물려받은 재산을 잘 보존할 수 있도록 하는 것이다.

그런데 이런 부모들의 바람과는 정반대로 상속 분쟁이 벌어져 가족 관계가 깨지기도 하고 심지어 재산을 유지하지 못하는 경우도 적지 않게 발생한다. 상속 계획이 사전에 잘 준비되지 못했기 때문이다. 다음은 세계적인 팝스타 마이클 잭슨의 상속 플랜이다. 미국의 경우 세법이나 상속 관련 제도들이 우리와는 다소 차이가 있지만, 마이클 잭슨이 자녀들을 위해 준비해놓은 상속 플랜은 여러 가지 시사하는 바가 크다.

마이클 잭슨의 신탁서에서 배우는 교훈

2009년 6월 25일 팝의 황제 마이클 잭슨이 3명의 어린 자녀들을 남겨놓고 갑작스럽게 세상을 떠났다. 그는 유언장을 작성해놓지는 않았지만 다행스럽게도 '마이클 잭슨 가족신탁Michael Jackson Family Trust'이라는 신탁 계약서를 남겨놓았다. 가족신탁 계약서란 유언을 대신하여 유산을 분배하고 관리하는 방식에 관해 기술한 계약서를 의미한다. 이는 마이클 잭슨 사후에 그가 남긴 유산을 통치하기 위한 실제적인 문서라는 데 큰 의미가 있다. 일반적으로 신탁 계약서는 가족들과 신탁에 이름이 있는 사람들만 읽을 수 있는 아주 사적인 문서이다. 하지만 마이클 잭슨의 경우 그의 유명세 때문에 그가 사망한 지 1년 만에 신탁 계약서 전체 내용이 일반인에게 공개되었다. 그의 신탁 계약서의 내용을 살펴보면 그가 얼마나 세심하게 남겨진 가족들을 위해 유산 계획을 세워놓았는지 알 수 있다.

그의 가족신탁 계약서 내용을 살펴보기 전에 먼저 신탁이 무엇인지 짚고 넘어갈 필요가 있다. 신탁이란 재산을 가진 사람이 제3자에게 재산 관리의 권한을 주고 자신이 지정하는 사람들의 이익을 위해 재산을 관리하도록 하는 제도다. 신탁은 계약을 통해 성립되는데 여기에는 재산을 맡기는 위탁자Trustor, 재산을 맡아 관리해 주는 수탁자Trustee 그리고 신탁재산으로부터 혜택을 받는 수익자Beneficiary가 포함된다.

이런 신탁의 유래는 유럽의 중세 시대로 거슬러 올라간다. 중세 시대 영주들은 전쟁에 나가거나 성지 순례를 떠날 때 살아서 돌아오지 못할 경우를 대비해서 가장 신뢰할 만한 사람을 수탁자로 선정해 자신의 재산을 맡겼다. 그리고 수탁자는 재산을 맡긴 사람이 살아 돌아오지 못하면 그들이 사전에 지시한 방식대로 자산을 관리하거나 분배하고 살아서 돌아오면 다시 돌려주었다. 이런 제도가 현대에 와서 법적 효력이 있는 신탁 계약서라는 형식으로 발전된 것이다. 마이클 잭슨은 이런 방식에 따라 유언장 대신 신탁 계약서를 통해 아주 구체적이고 세밀하게 재산 분배와 관리 방식을 설계해놓았다. 다음은 '마이클 잭슨 가족신탁' 계약서의 내용을 요약한 것이다.

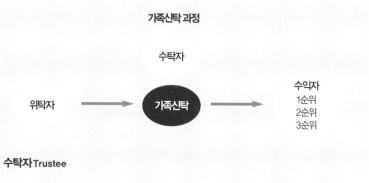

마이클 잭슨 가족신탁 계약서

가족신탁 계약서는 1995년 11월 1일 최초로 작성되었지만, 이후 전면 개정되어 사망 당시의 것은 2002년 3월 2일자로 최종 수정된 것이다. 가족신탁 계약서의 위탁자는 마이클 잭슨이고, 계약서에는 수탁자와 수익자의 역할과 자산 배분에 관해 다음과 같이 기록되어 있다.

가족신탁 과정

수탁자

위탁자 → 가족신탁 → 수익자
1순위
2순위
3순위

수탁자Trustee

마이클 잭슨이 생존해 있는 동안에는 자신이 위탁자Trustor인 동시에 수탁자

Trustee가 되고, 사망을 하거나 불능의 상태가 되는 경우 그와 오랫동안 함께 일해온 변호사와 회계사, 음악감독 등 세 사람을 공동 수탁자Turstee로 지정했다. 그리고 그들이 수탁자로 불능의 상태가 되면 뱅크 오브 아메리카가 수탁자의 지위를 승계하도록 했다. 그러나 공동 수탁자들은 사전에 서로 합의하여 1명 또는 그 이상의 사람을 수탁자로 지정할 권한이 있으므로 만일 공동 수탁자가 다른 수탁자를 지정하면 은행은 수탁자에서 제외되도록 했다.

수익자Beneficiary

- 마이클 잭슨의 생전에 신탁 수익은 마이클 잭슨에게 귀속된다.

- 사망하고 나면 제일 먼저 유산의 20%를 어린이 자선 재단에 기부하도록 했다. 자선 단체의 선정 방법은 어머니와 공동 수탁자들이 위원회를 구성해서 함께 협의하여 지정한다.

- 어린이 재단에 기부한 20%와 상속세, 병원비, 장례비, 변호사비 등을 공제한 나머지 유산의 50%는 어머니 캐서린 잭슨을 위해 '캐서린 잭슨 신탁 Katherine Jackson Trust'을 운영한다. 그리고 그의 어머니를 수익자로 지정하여 경제적으로 안정된 삶을 살 수 있도록 지원하고, 어머니가 사망한 후에는 남은 재산을 자신의 자녀들 3명에게 동등하게 분배하도록 했다.

- 그리고 나머지 50%는 자신의 변호사와 음악감독이 공동 수탁자가 되어 '마이클 잭슨 자녀 신탁Michael Jackson Children Trust'으로 분리하고 신탁 재산은 세 자녀에게 3분의 1씩 동등하게 분배했다. 하지만 자녀들은 21세가 되어야 비로소 신탁 자산의 운용 수익금을 전액 받을 수 있다. 만약 수익금만으로 자녀들이 적정 수준의 생활이 어렵다면 수탁자들은 상호 협의하여 원금의 일정 부분을 추가로 지원할 수 있다. 그리고 신탁 원본은 각 자녀의 30세 생일에 3분의 1, 35세 생일에 남은 잔액의 2분의 1 그리고 40세 생일에 잔액 전부를 지급하도록 했다. 만약 30세 이전에라도 자녀들이 집을 사거나, 결혼을 하거나 또는 사업을 하기 위해 신탁 원금이 필요하다면, 공동 수탁자들이 신

중하게 판단하여 원금에서 일정 부분을 사전에 지원할 수도 있다. 하지만 최종적인 결정은 자녀들의 후원자인 어머니 캐더린 잭슨의 동의가 필요하다.

- 만약 마이클 잭슨의 사망 시 어머니나 자녀 또는 후손(손자 등)이 생존해 있지 않는다면, 20%의 자선 재산 기부 금액을 제외한 나머지 신탁 재산은 조카 3명에게 균등하게 나누어 주고 그 지급 방식은 자녀들에게 하는 것과 동일한 방법으로 지급한다.

이처럼 마이클 잭슨은 자신이 사망하고 나서 발생할 수 있는 모든 경우의 수를 계산해 사전에 철저하게 유산 계획을 수립했다. 덕분에 그가 갑작스럽게 사망하고 나서도 그가 남긴 재산은 본인이 지정한 방식과 스케줄에 따라 안전하게 운용 및 관리되었다. 사실 가족신탁은 마이클 잭슨뿐만 아니라 미국 등지에서 많은 사람들이 유산 계획에 활용하고 있는 방식이다. 휘트니 휴스턴도 신탁을 통해 자신의 딸이 21세, 25세, 30세에 일정한 규모의 재산을 지급하도록 사전에 준비해놓았고, 스티브 잡스도 사망 전 상당한 재산을 신탁에 이전하는 방식으로 가족들을 위한 유산 계획을 세워놓았다.

생전 신탁Living Trust의 한 방식인 가족신탁Family Trust은 가족분쟁을 예방하고, 어린 자녀가 있는 경우 그들이 성인이 될 때까지 자산을 잘 보존해서 이전하는 데 가장 유용한 수단이 되고 있다. 이는 부모 세대가 상속에 대한 자신의 뜻을 구체적으로 밝히지 않고 사망하여 상속 분쟁이 끊이지 않는 우리나라의 경우와는 사뭇 대조적이다.

세미나 등지에서 가족신탁을 소개할 때 가장 많이 받는 질문은 우리나라에서도 이와 같은 가족신탁 계약이 가능하냐는 것이다. 물론 가능하다. 우리나라에서도 신탁법이 개정되면서 유언대용 신탁과 수익자연속 신탁, 자기신탁 등의 항목이 신설되어 우리나라에서도 '마이클 잭슨 가족신탁'과 같은 방식으로 상속 설계가 가능하게 되었다.

자기신탁이란 위탁자가 자기 선언만으로 수탁자를 겸하는 경우를 말한다. 다시 마이클 잭슨의 사례를 예를 들면, 그는 자신의 생전에는 자신이 위탁자인 동시에 가족신탁의 수탁자가 되었다. 그리고 자신이 수탁자로서 불능 상태가 되거나 사망하는 경우 지인 3명이 공동 수탁자 지위를 승계하도록 했다. 이런 자기신탁을 활용하는 경우 금융기관을 수탁자로 하는 것보다 더 적은 비용으로 손쉽게 신탁을 운영할 수 있다.

예를 들면, 아버지가 상가 건물을 관리해온 경험을 살려 위탁자 및 수탁자가 되고, 일정 시점이 되면 자녀들을 수익자로 해서 자산을 이전할 수 있다. 만일 자녀가 어려서 증여 재산의 관리 능력이 없거나 자녀가 증여 재산을 처분할 것이 염려되는 경우 부모가 자산에 대한 통제권을 유지하며 자녀에게 자산을 이전하는 것이 가능하다. 이와 같은 신탁 계약은 각 사람이 처한 상황에 따라 다양한 방식으로 활용이 가능하며, 대를 이어 자산을 안전하게 이전하기 위한 중요한 역할을 하고 있다.

최근 우리나라에서는 법원의 상속 분쟁 사례가 매년 20~30%씩 증가하는 추세다. 70~80년대 기업을 일구거나 부를 축적한 부모 세대의 고령화로 상속에 대한 자신의 뜻을 구체적으로 밝히지 않고 사망하는 경우가 많기 때문이다. 만약 남은 가족들이 자산 분배 과정에서 서로 협의하지 못하면 법정 분쟁으로 이어지는 것은 당연하다. 또한 어린 자녀들에게 아무런 조치 없이 상속 재산을 남겨놓아 자녀들이 재산을 지키지 못하는 경우도 적지 않다.

신탁은 유언장과 동일한 효력을 지니며 사후 재산 관리 방법을 구체화할 수 있어 매우 유용한 제도다. 특히 사업의 승계나 후손 간의 화목, 배우자 및 자녀의 생활보장, 후견인 지정, 장애 가족에 대한 보장 등 재산 상속계획에 매우 다양하게 활용할 수 있다.

EPILOGUE

가업승계 이후
10년을 기대하며

4년 전. 해외를 다니면서 수집한 연구 자료를 바탕으로 《100년 기업을 위한 승계전략》을 출간했다. 실제 100년 이상 생존해온 가족기업들의 성공 비결에 초점을 두었는데, 세계적으로 저명한 대기업의 사례가 대부분이다 보니 나름의 한계도 있었다. 한국의 산업화 초기인 1950~60년대에 창업해 현재 3대 또는 4대째 이어지는 대기업이나 일부 중견기업의 경영자들에게는 호평을 받았지만, 1970~80년대 창업해 이제 막 1세대에서 2세대로 승계해야 하는 중소·중견기업의 문제를 해결할 방법을 제시하지 못했던 것이다. 이런 아쉬움과 함께 중소·중견기업 경영자들이 참고하고 활용할 수 있는 책을 써야 한다는 부담감이 있었다.

전작이 출간되고 나서 4년간 강의와 연구, 컨설팅을 하며 우리나라의 수많은 중소·중견기업을 찾아다녔다. 창업자와 후계자, 그리고 다양한 이해관계자를 만나면서 기업의 실상을 파악할 수 있었고 당장 1세대에서 2세대로 첫 승계를 눈앞에 둔 경영자들이 무엇을 고민하는지 생생한 현장의 목소리를 들을 수 있었다. 이 책은 그러한 현장의 목소리를 반영하여 중소·중견기업들이 승계를 어떻게 바라보고 준비해야 하는지 실무적 관점에 초점을 맞추었다.

미비하게나마 이 책이 중소기업의 경영자들에게 가업승계를 바라보는 거시적인 시각을 제시했기를 바란다. 특히 이 책을 접할 모든 경영자들이 가업승계란 경영자가 은퇴를 앞두고 준비하는 일회성 이벤트가 아니라 일생을 거쳐 준비해야 하는 장기간의 프로세스라는 것을 알아주었으면 한다. 그리고 가업승계가 창업자 한 사람의 문제가 아니라 가업승계와 관련된 모든 이해관계자들이 함께 노력할 때 제대로 이뤄질 수 있음을, 가업승계가 기업을 지속적으로 발전시키는 데 매우 중요한 요소임을 인식하는 계기가 되었기를 바란다. 그리고 후계자들은 기업을 사유재산으로만 볼 것이 아니라 부모인 창업자의 경영철학을 이어서 기업을 더욱 발전시켜야 한다는 책임감, 기업을 통해 일자리를 창출하고 사회에 기여하겠다는 사명감을 갖는 계기가 되길 바란다.

가족기업과 가업승계에 관한 연구를 시작한 지 10여 년이 지났다. 처음 연구를 시작할 때만 해도 한국에는 가업승계에 관한 연구 자료가 전혀 없어 미국이나 유럽 등지를 다니며 자료와 사례를 구해야 했다. 안타까운 건 10년이 지난 지금도 가족기업이나 가업승계에 대한 정부와 국민의 무관심이 그때와 크게 다르지 않다는 점이다.

여전히 가업승계를 바라보는 사회적 시선은 차갑고 일부 대기업 사례에만 빗대 판단한다. 경영자들이 부를 대물림한다는 편견에 가려져 수십 년 동안 몸과 마음을 다해 기업을 일구어온 경영자들의 이야기가 빛바랜 것 또한 사실이다. 바라건대 이제는 그 시각에서 벗어나 총성 없는 전쟁이라고 하는 글로벌 경쟁 속에서 성숙기나 쇠퇴기에 접어든 기업을 맡아서 해보겠다고 나서는 후계자들에게 비판보다는 따뜻한 격려를 해줄 수 있는 분위기가 형성되기를 기대해본다. 중소·중견기업의 승계를 지원하거나 관련 제도를 다루는 정부 기관에서도 선진국처럼 원활한 가업승계 생태계를 조성할 수 있는 방안을 진지하게 연구하고 상속세 관련 제도 또한 '부의 세대 이전'이 아닌 '기업의 영속성'이라는 관점에서 바라보는 계기가 되기를 바란다.

책 속에서도 계속 언급했지만 대한민국 기업들 중에서도 상당한 비중을 차지하고 있는 가족기업들이 살아야 그 기업에 속한 수많은 직원들의 가계가, 지역경제가, 국가가 산다. 그런 관점에서 가업승계는 한 개인이나 기업의 문제가 아니라 우리 사회 공동의 문제라는 인식이 확산된다면 더 바랄 게 없겠다.

끝으로 항상 기도로 후원해주시는 부모님과 이 책의 기획부터 집필하는 전 과정을 인도하신 하나님께 감사의 마음을 전한다.

주

1장

1) John L. Ward, *Keepting the Family Business Healthy*, Palgrave Macmillan, 2010.

2) 대니 밀러·이사벨 르 브르통 밀러, 《가족기업이 장수기업을 만든다》, 황금가지, 2009. p.12.

3) 남영호, 〈가족기업의 사회적 책임에 관한 연구〉, 《대한경영학회지》 제21권 제3호, 대한경영학회, 2008년 6월, pp.1077-1107.

4) 짐 콜린스, 《위대한 기업은 다 어디로 갔을까》, 김영사, 2010.

5) Dennis T. Jaffe, *Working with the One You Love: Strategies for a Successful Family Business*, Conari Press, 1990.

6) John L. Ward, *Perpetuating the Family Business*, Palgrave macmillan, 2004.

7) 이수민, '상속재산 분할 심판청구 갈수록 는다', 〈서울경제〉, 2011. 4. 20.

8) 정석주, 《30년 흑자경영》, Tb(티비), 2008.

9) 조상현, '후계자 없는 중기 년 7만 곳 폐업 헐값 매각도', 〈중기이코노미〉, 2015. 11. 25.

10) 김선화·남영호, 〈가족기업의 승계 유효성에 영향을 미치는 요인: 현 경영자와 후계자를 중심으로〉, 《산업경제연구》 제26권 제3호, 2013년 6월, pp.1337-1359.

11) 김현정, '"못난 놈" 꾸중 들으며 자란 2세·3세 자존감 낮아져 기업에 독이 될 수도', 〈동아비즈니스리뷰〉 193호, 2016년 1월.

12) Tagiuri, R. & D. A. Davis, "Bivalent attributes of the family Firm", *Harvard Business School(Working paper)*, 1982.

13) Kelin E. Gersick & Ivan Lansberg & Michele Desjardins, Barbara Dunn, "Stages

and Transitions: Managing Change in the Family Business", *Family Business Review*, vol. 12, no. 4, December, 1999.

2장

1) Kelin E. Gersick & John A. Davis & Marion McCollon Hampton & Ivan Lansberg, *Generation to Generation*, Harvard Business School Press, 1997. Gersick 등은 기업의 성장 과정을 ① Start-Up, ② Expansion/Formalization, ③ Maturity로 구분함.

2) Virginia L. Lewis & Neil C. Churchill, 'The Five Stages of Small Business Growth(중소기업 성장의 다섯 단계)', 〈하버드 비즈니스 리뷰〉, 1983년 5월호. Lewis & Churchill 은 기업의 성장 과정을 ① Survival, ② Break-out, ③ Take-off, ④ Big company 로 구분함.

3) Ichak Adizes, *Managing Corporate Lifecycles*, Prentice Hall Press, 1999. Adizes 는 ① Courtship, ② Infancy, ③ Go-Go, ④ Adolescence, ⑤ Prime, ⑥ Aristocracy, ⑦ Salem City, Bureaucracy and Death 로 구분함.

4) Ichak Adizes, 위의 책.

5) 에릭 플램홀츠·이본 랜들, 《기업 성장을 방해하는 10가지 증상》, 매일경제신문사, 2002. 에릭 플램홀츠는 제조업 기준 100만 달러 이하(서비스 분야 33만 달러 이하)를 뉴 벤처의 창설 단계로, 100~1000만 달러(서비스 분야 33~330만 달러)를 사업 확장 단계로, 제조업 기준 1000만~1억 달러(서비스 분야 330~3300만 달러)를 경영 전문화 단계로 구분하였으나 이 책에서는 10억 미만을 생존기로, 10~1000억까지를 성장기로 분류하고 10~100억을 성장 초기, 100~1000억을 본격 성장기로 구분했다.

6) 캐런 딜론·다니엘 아이젠버그, 《하버드 창업가 바이블》, 다산북스, 2014.

7) Ichak Adizes, 위의 책.

8) Virginia L. Lewis & Neil C. Churchill, 위의 칼럼.

9) Ichak Adizes, 위의 책.

10) 에릭 플램홀츠·이본 랜들, 위의 책.

11) 에릭 플램홀츠·이본 랜들, 위의 책.

12) 에릭 플램홀츠·이본 랜들, 위의 책.

13) 고미야 가즈요시, 《사장의 정도》, 한빛비즈, 2014.

14) 조태현, '중소기업, 설립 10년 후 최대고비 맞는다', 〈이데일리〉, 2008. 9. 21.

15) 신수정, '직원의 이직, 피할 수 없다면 교육투자 늘려라', 〈동아일보〉, 2012. 5. 25.

16) 정진호, '실패한 사장님들이 직원들에게 갖는 10가지 후회', 2016년 4월 3일자 재
기힐링캠프 설문 조사.

17) Ichak Adizes, 위의 책.

18) 원선우, '뉴욕서 돌아온 어묵집 손자, 어묵판을 바꾸다', 〈프리미엄 조선〉, 2014. 12. 6.

19) 에릭 플램홀츠·이본 랜들, 위의 책. 에릭 플램홀츠는 제조업 기준 1~5억 달러(서비
스 분야 3300만~1억 6700만 달러)를 조직 강화 단계로, 제조업 기준 5~10억 달러(서
비스 분야 1억 6700만~3억 3300만 달러)를 다각화 단계로 구분하였으나 이 책에서는
제조업 기준 1000억 원~1조 원까지를 도약 단계로 구분하였다.

20) 에릭 플램홀츠·이본 랜들, 위의 책.

21) 이병구, 《경영은 관계다》, 세종서적, 2015.

22) 송재용, '전문화 vs 다각화 초경쟁시대, 오너는 선택해야 한다', 〈동아비즈니스리
뷰〉 177호, 2015년 5월.

23) 송재용, 위의 칼럼.

24) Virginia L. Lewis Neil C. Churchill, 위의 칼럼.

25) 시드니 핀켈스타인, 《실패에서 배우는 성공의 법칙》, 황금가지, 2009.

26) Virginia L. Lewis & Neil C. Churchill, 위의 칼럼.

27) tvN, '어쩌다 어른-수신제가치국평천하'-설민석 편, 2016. 6. 2.

28) 짐 콜린스, 《위대한 기업은 다 어디로 갔을까》, 김영사, 2010.

29) Kelin E. Gersick John A. Davis Marion McCollon Hampton & Ivan Lansberg,
위의 책.

30) 부산경남 KNN, '기업생존보고서 7-대한제강(주)', 2013. 2. 15.

31) 부상경남 KNN, '기업생존보고서 6-NK(주)', 2013. 2. 7.

32) 이영직,《슘페터가 들려주는 기업가 정신 이야기》, 자음과모음, 2012.

33) 레스터 C. 서로우,《지식의 지배》, 생각의나무, 2007.

34) Leon A. Danco, *Beyond Survival*, Predictable Futures, 1975.

35) 노현섭, '강연/구보다 쇼이치 日 호세이 혁신경영대 교수, '2011 대한민국 강소기업포럼', 〈파이낸셜뉴스〉, 2011. 7. 13.

36) 〈파이낸셜뉴스〉, 위의 기사.

37) 마쓰시타 고노스케,《마쓰시타 고노스케, 위기를 기회로》, 청림출판, 2010, p.25.

38) 장재웅·박남규, "5만 살 나무' 대형 테이블이 한가운데 떡~대형서점, 책 읽고 머무는 플랫폼이 되다', 〈동아비즈니스리뷰〉 196호, 2016년 3월.

39) 제리 포라스·짐 콜린스,《성공하는 기업들의 8가지 습관》, 김영사, 2002, p.75.

40) 대니 밀러·이사벨 르 브르통 밀러,《가족기업이 장수기업을 만든다》, 황금가지, 2009, p.82.

41) www.henokiens.com

42) 제임스 쿠제스·베리 포스커,《리더십 챌린지》, 물푸레, 2004.

43) 제리 포라스·짐 콜린스, 위의 책.

44) 김남민,《인적 자원 관리 전략》, 이룸나무, 2012.

45) 제리 포라스·짐 콜린스, 위의 책.

46) 가재산,《왜 행복경영인가?》, 행복에너지, 2016.

3장

1) Tagiuri, R. & D.A. Davis, "Bivalent attributes of the family Firm", *Harvard Business School(Working paper)*, 1982.

2) Ivan Lansberg, *Succeeding Generations*, Harvard Business School Press, 1999.

3) 김선화,《100년 기업을 위한 승계전략》, 쌤앤파커스, 2013.

4) Kelin E. Gersick & John A. Davis & Marion McCollon Hampton & Ivan Lansberg,

Generation to Generation, Harvard Business School Press, 1997.

5) 김선화, 〈가족기업의 승계프로세스와 성공적 승계요인〉, 서울과학종합대학원, 2011년.

6) 김현정, "'못난 놈' 꾸중 들으며 자란 2세·3세 자존감 낮아져 기업에 독이 될 수도', 〈동아비즈니스리뷰〉 193호, 2016년 1월.

7) 아다쿠스 그룹, 김기백 역, 《후계사장의 인생》, CNO파트너즈, 2011.

8) 이나모리 가즈오, 《이나모리 가즈오의 회계경영》, 다산북스, 2010.

9) John L. Ward, Craig E. Aronoff, *Preparing Successors for Leadership: Another Kind of Hero*, Palgrave Macmillan, 2011.

10) 위의 책.

11) Peitro Mazzola & Gaia Marchisio Joe Astrachan, "Strategic Planning in Family Business: A Powerful Developmental Tool for the Next Generation", *Family Business Review*, vol. 21, no. 3, September, 2008.

12) 위의 논문.

13) Pontet, S. B. C. Wrosch & M. Gagne, "An exploration of the generational differences in levels of control held among family businesses approaching Succession", *Family Business Review*, vol 20, no. 4, December, 2007, pp. 337-354.

14) Jeffrey Sonnenfeld, *The Hero's Farewell*, Oxford University Press, 1991.

15) Craig E. Aronoff, *Letting Go*, Palgrave Macmillan, 2010.

16) John L. Ward & Randel S. Carlock, *Strategic Planning for The Family Business*, Palgrave Macmillan, 2001.

17) Ivan Lansberg, 위의 책.

4장

1) Ivan Lansberg, *Succeeding Generations*, Harvard Business School Press, 1999. pp.32-33.

2) Ivan Lansberg, 위의 책.

3) Cary J. Tutelman & Larry D. Hause, *The Balance Point*, Famille Press, 2008.

4) 위의 책.

5) John Ward, *Creating Effective Boards for Private Enterprises*, Jossey-Bass, 1991.

6) Cary J. Tutelman & Larry D. Hause, 위의 책.

7) 위의 책.

8) K. Ramachandram & J. Ward & S. Walker & R. Jha., "Ensuring Family and Business Continuity at India's GMR Group", *Richard Ivey School of Business*, 2011(자체 발행 자료). Sucheta Dalal, 'GMR scripts succession plan through a family constitution', *Journal of Courage*, May 27, 2007.

9) 조병선·조봉현·최봉길·이윤생·유용관, 《100년 기업으로 가는 길》, 경제법륜사, 2015.

가업승계, 명문장수기업의 성공전략

2017년 6월 26일 초판 1쇄 | 2018년 11월 30일 3쇄 발행
지은이 · 김선화

펴낸이 · 김상현, 최세현
책임편집 · 정상태, 양수인

마케팅 · 김명래, 권금숙, 심규완, 양봉호, 임지윤, 최의범, 조히라, 유미정
경영지원 · 김현우, 강신우 | 해외기획 · 우정민
펴낸곳 · (주)쌤앤파커스 | 출판신고 · 2006년 9월 25일 제406-2006-000210호
주소 · 경기도 파주시 회동길 174 파주출판도시
전화 · 031-960-4800 | 팩스 · 031-960-4806 | 이메일 · info@smpk.kr

ⓒ김선화(저작권자와 맺은 특약에 따라 검인을 생략합니다)
ISBN 978-89-6570-478-2(03320)

쌤앤파커스(Sam&Parkers)는 독자 여러분의 책에 관한 아이디어와 원고 투고를 설레는 마음으로 기다리고 있습니다. 책으로 엮기를 원하는 아이디어가 있으신 분은 이메일 book@smpk.kr로 간단한 개요와 취지, 연락처 등을 보내주세요. 머뭇거리지 말고 문을 두드리세요. 길이 열립니다.